Emprendedora De Ti Misma

LA GUÍA PARA LAS MUJERES PROFESIONALES CON HIJOS
7 PASOS PARA REINVENTARTE Y CREAR TU PROPIO
EMPLEO EN LA SOCIEDAD DEL CONOCIMIENTO.

Ana Fragua González

Copyright © 2016. Ana Fragua González

Puedes encontrarme en:
LinkedIn:
https://es.linkedin.com/in/anafragua
LinkedIn Author:
https://www.linkedin.com/today/author/anafragua
Twitter:
@AnaFraguaGlez

Emprendedora De Ti Misma / Ana Fragua González.
ISBN 978-84-608-8508-5

Índice

Intro

"Para que triunfe el liderazgo femenino tienen que pasar tres cosas: que las mujeres sepan lo que quieren, que crean que es posible y que luchen para conseguirlo."

Ana Fragua

"No soy coach.". Eso le dije a una amiga que un día me comentó lo difícil que le resultaba encontrar un trabajo compatible con sus obligaciones familiares. Ella había estado fuera del mercado laboral, cuidando de sus hijas, durante cinco años.

Yo estoy en lo digital, soy autónoma –le dije–, madre de dos hijos, que experimenta consigo misma para equilibrar, con éxito y mucho esfuerzo, su vida profesional y familiar.

Soy emprendedora de mí misma y aprovecho toda mi experiencia y conocimientos para reinventarme y crear mis propios puestos de trabajo.

Creo que no entendió nada, pero le pareció interesante.

Esa y otras conversaciones que he tenido con muchas mujeres profesionales y madres, me han llevado a escribir este libro.

No te puedo asegurar el éxito, porque este depende de ti y de muchos otros factores. Pero sí puedo ayudarte en la *deconstrucción, construcción y reafirmación de tu identidad*, porque ya he pasado por ese proceso.

También puedo ayudarte a ser emprendedora de ti misma; a que hagas uso de los recursos y herramientas digitales que existen hoy, para entrar en el mercado y diferenciarte.

Puedo ayudarte a gestionar tu tiempo, el mayor activo que tienes, para que sepas combinar obligaciones y deseos de tu vida profesional y familiar.

Hay muchas mujeres profesionales que han renunciado, que sacrifican sus sueños y bienestar por los de los demás. Pero yo confío en el potencial que tienen, para lograr lo que buscan.

La falsa creencia en lo analógico, y la falta de información ante las oportunidades digitales hacen que muchas que abandonaron sus trabajos o fueron despedidas antes de la crisis en España, utilicen hoy los mismos métodos que antaño cuando quieren volver al mercado laboral. Y esto ya no es así; el escenario actual es muy distinto.

Nosotras, las que ahora estamos entre los 35 y 45 años, recibimos un aprendizaje en materias con el objetivo de formar parte de una estructura de empresa o funcionarial. Después ocupamos un puesto, un lugar en el espacio físico –en una compañía u organismo– en el cual recibimos un adiestramiento específico.

Las mujeres que hemos estado en activo profesionalmente durante la transición de la sociedad industrial a la sociedad del conocimiento, formamos parte de esta transformación. Pero aquellas otras que dejaron de trabajar en el período de 2005- 2008 en adelante, desconocen completamente el funcionamiento del mercado profesional actual.

El trabajo no va a llegar si no te mueves; pero si lo buscas como lo hacías hace diez años, es poco probable que lo encuentres.

Por otro lado, cuando tienes hijos no solo cambian tus biorritmos; también tu estilo de vida y con él, la gestión de tu tiempo.

Esto significa que es imposible amoldarse a un horario y unas condiciones de trabajo que no estén en línea con el calendario escolar y doméstico. Algo que ocurre en España, pero no en otros países europeos.

La planificación y gestión eficaz de las tareas es clave para una profesional con hijos. Más importante es, aún, si no cuentas con un sólido apoyo familiar.

Hay muy poco asesoramiento de valor para profesionales entre los 35 y los 45 que son madres. A consecuencia de ello, las que deciden lanzarse a la piscina laboral, sin agua, preguntan en sus círculos más próximos, o leen en la prensa o en internet para encontrar el camino.

Un consejo poco acertado puede hacer que lo que consideraban una inversión se convierta en un gasto. Y lo que es peor..., como las generaciones X e Y no estamos educadas en el fracaso y no nos enseñaron a verlo como parte del proceso hacia el éxito, la consecuencia de fracasar en lo profesional es abandonar y resignarse.

Nunca es demasiado tarde para conseguir lo que un@ quiere y tener éxito. Hay mujeres que desean continuar su carrera profesional y no pueden.

Otras han tenido trabas y limitaciones en el desarrollo de su profesión, por tener hijos.

Pero también existen las privilegiadas que nunca se han sentido infravaloradas en el ámbito profesional por ser mujeres.

Es el momento de que las organizaciones abran los ojos; de que vean el potencial que pierden al relegar a las madres profesionales a un segundo plano.

Es el momento de la transformación hacia modelos de liderazgo más inclusivos, emocionales, humanos y sanos.

Este libro puede servir también de guía para las profesionales con hijos que no saben por dónde empezar, ni cómo encontrarse a sí mismas personal, familiar y laboralmente.

Pero no es solo para aquellas que estudiaron y ejercieron, que ya no están y se resignan; también es para aquellas que se encuentran desbordadas en la gestión de la casa, la familia y el trabajo.

Por último, para las que están en una situación de estancamiento profesional: aquellas que –a pesar del esfuerzo que realizan por ocupar un puesto en el consejo directivo– no llegan a hacerlo porque siempre son los hombres los que ocupan las sillas.

Deseo que disfrutes de él, tanto como disfruté yo creándolo. Y sobre todo, que apliques las herramientas que te muestro, de manera tal que te sirvan para ir transformando, poco a poco, tu día a día.

Ana Fragua

Sobre "For WOMEN"

"For WOMEN" es una comunidad de conocimiento abierto, que tiene como misión ayudar a las mujeres profesionales a lograr el éxito en sus vidas, proponiendo nuevos modelos de aprendizaje digital, *mentoring*, oportunidades de negocio, gestión del tiempo – entre otras cosas–, a través de la eliminación de barreras internas y de la realización de nuestra propia deconstrucción y reconstrucción.

Manifiesto de For WOMEN

El manifiesto se basa en 10 principios que llaman a la reflexión de los responsables de organizaciones existentes, de los nuevos CEO s y de aquellas mujeres que desean reinventarse. Todos ellos. en conjunto, suponen un cambio de paradigma en el que se puede liderar y aportar valor.

1. ***Apostar por el "SER".*** Por una vida orientada al ser. Autoconocimiento, Mindfulness, resiliencia y diseño e implementación de nuevos hábitos.

2. ***Creer en NOSOTR@S.*** Modelos inclusivos. *Win-win.* Empleabilidad conjunta y consumo colaborativo.

3. *Apostar por los LÍDERES; no por los JEFES.* Y menos aún a los cuarenta y pico.

4. *MERITOCRACIA y AGILIDAD.* No a la jerarquía y a la burocracia.

5. *Importa el LARGO PLAZO.* El cortoplacismo terminó. De la semilla bien regada surge la planta.

6. *Importa el CAMINO/PROCESO tanto como el RESULTADO.* Dividir el trabajo y la vida personal-familiar en tareas pequeñas y poner objetivos concretos. Aprender haciendo. Importa el cómo tanto como el qué.

7. *CREATIVIDAD – INTUICIÓN.* Incubadoras de ideas. Influenciadoras.

8. *Modelos centrados en las PERSONAS y en su POTENCIAL para AYUDAR A OTR@S.*

9. *Equilibrio VIDA-TRABAJO.* Modelos de gestión del tiempo para mujeres.

10. *EDUCACIÓN y LEGADO.* Lo que aprendemos de nuestros hijos y el mundo que les dejamos.

Puedes encontrar ForWomen, como grupo en LinkedIn, seguir nuestras frases inspiradoras en twitter, descargar nuestros podcasts formativos e ebooks, asistir a alguna sesión a través de google hangouts.

"ForWOMEN" más allá de la comunidad

Existen mujeres que afirman no haber tenido trabas relacionadas con su género, en ningún momento de su vida.

Si esto es cierto, corrobora el hecho de que un equilibro con la presencia de la mujer, en muchos sectores de la sociedad, es posible.

Pero también es innegable, porque los datos están ahí, que la mujer en el mundo desarrollado ocupa determinados roles suaves *(soft)* en la mayoría de las organizaciones; tales como recursos humanos, comunicación y pocos puestos de alta dirección tales como toma de decisiones y gestión.

El liderazgo masculino ¿es algo impuesto o es algo que nos imponemos nosotras como excusa para procastinar y no avanzar?

¿Tendríamos que movernos hacia una nueva identidad? ¿O deberíamos eliminar nuestras barreras internas para progresar? ¿Son nuestros miedos, culpas y la fascinación por el rol masculino, la causa de la falta de equilibrio?

¿Hay que mirarse al espejo, enfrentarse al lienzo en blanco y después mudarse la piel? ¿Qué hay de cierto en todo esto?

Pienso que estas preguntas podemos hacerlas en determinados entornos y lugares, y que hay mujeres en el mundo para las cuales estas cuestiones están fuera de lugar. Porque cultural y socialmente, están apartadas y no tienen voz. Son sometidas y denigradas.

En For WOMEN se mantienen temas de discusión relacionados con liderazgo femenino y herramientas para el desarrollo profesional, personal y familiar de las mujeres, como digitalización; network; marketing; gestión del tiempo; gestión financiera; coaching para mujeres; nuevos modelos de empleabilidad; 4.0 o Internet de las cosas; consumo colaborativo; educación de los hijos; estrategia; capacitación en la gestión para acceder a consejos directivos; proyectos sociales…

Nosotr@s permitimos la publicación de blogs, productos, libros, podcasts, eventos, formación, seminarios y herramientas que ayuden a las mujeres profesionales, especialmente cuando se ofrecen de forma gratuita o con algún descuento a los miembros.

Todas las personas pueden comunicarse entre sí como miembros y generar entre ellas oportunidades profesionales.

En "For WOMEN", publicamos ediciones semanales, con artículos gratuitos, tendencias de investigación y herramientas de ayuda, webinars, talleres, eventos y conferencias, así como promociones de colaboradores de "For WOMEN", y formación.

Más info:

LinkedIn:

- For WOMEN Group:
  https://www.linkedin.com/groups/8461991

- For WOMEN Web
  page: *https://www.linkedin.com/company/for-women*

Trabajar el "SER"

SOBRE QUIÉN ERES, EN QUÉ MOMENTO ESTÁS Y PORQUÉ NO PUEDES CAMBIAR NADA.

"I am only one, but I am still one.
I cannot do everything, but still I can do something.
And because I cannot do everything
I will not refuse to do the something that I can do."

Helen Keller

Como muchas, yo fui despedida cuando empezó la crisis.

Fue algo que esperaba un tiempo antes de que sucediese.

Las decisiones traen consecuencias, y mi decisión fue quedarme embarazada por segunda vez. La consecuencia de ello cambió mi vida profesional y personal.

Cuando vives en una ciudad pequeña, y tienes hijos también pequeños, es difícil volver a encontrar un trabajo que se amolde a tus obligaciones y estilo de vida.

También, cuando te despiden, escuchas comentarios masculinos del tipo: "No pasa nada. Así tienes más tiempo para criar a tus niños."; "¿Dónde vas a encontrar un trabajo como este en una ciudad tan pequeña?"; "¿Quién te va a contratar con dos hijos?".

Varias cosas me quedaron claras en aquel momento:

1. Que no volvería a trabajar por cuenta ajena; ya que, en lugar de realizar los sueños de otros, prefería apostar por los míos.

2. Que tenía que buscar una fórmula para salir del entorno local.

3. Que necesitaba hacer un trabajo interno previo, para no volver a cometer errores del pasado basados en la culpa, el miedo y la admiración por el mundo profesional masculino.

4. Que tenía que aprender a gestionar adecuadamente mi tiempo y mi dinero, en lo que me queda de vida.

5. Que tendría que trabajar mucho, esforzarme al máximo y cambiar hábitos.

Hemos pasado de la sociedad industrial a la del conocimiento. Esto supone cambiar el foco del "tener" al "ser".

Apostar por una vida orientada al ser, implica:

- ***Autoconocimiento:*** Mirarte al espejo y preguntarte: ¿Quién soy ahora? Ponerte delante de un lienzo en blanco y cuestionarte: ¿Me gusta mi vida?, ¿Qué quiero hacer con ella?

- ***Resiliencia:*** Transformar el dolor, el sufrimiento y/o el fracaso en una fuerza que te impulsa para superarte y salir fortalecida de las situaciones difíciles.

- ***Diseño e implementación de nuevos de hábitos:*** El todo se construye a partir de pequeños logros diarios.

Si quieres cambiar cosas en tu vida, es imprescindible modificar las costumbres que "no suman".

Autoconocimiento

Yo estuve bastante perdida durante un tiempo. Aunque por otro lado, sin darme cuenta, antes de ser despedida ya había iniciado mi propia transformación digital.

Salían trabajillos locales. Es cierto. Pero el tiempo que ocupaba en prepararlos era infinitamente mayor que lo que recibía por ellos, en aquel momento, con un país sumido en una crisis profunda.

Esto implicaba dos cosas:

1. Que cobraba demasiado barato, en comparación con el tiempo y la calidad del trabajo que ofrecía.

2. Que tenía ansiedad por vender y eso lo notaban los clientes.

Me costó un tiempo adaptarme al "NO". "No es el momento", "No quiero", "No me interesa" o "No te contesto…".

Por aquel entonces tomé dos decisiones:

1. Leer buenos libros sobre ventas y creación de modelos de negocio. Prepararme.

2. Crear mi perfil en *LinkedIn* porque había oído que en esa red, se podían encontrar clientes que me dieran trabajo.

Hice ambas cosas, y en un tiempo relativamente corto estaba mejor instruida y había abierto nuevas vías profesionales que antes no había contemplado.

Bibliografía recomendada:

- *Ventas.* Zig Ziglar.

- *El arte de cerrar la venta.* Brian Tracy.

- *The Startup Owner's Manual. The step by step Guide for building a great Company.* Steve Blank and Bob Dorf.

- *The four steps to the epiphany. Succesful Strategies for products that win.* Steve Blank.

Resiliencia

Construir a partir de los fallos diarios es un arte. Y se puede aprender a dominarlo.

Lo bueno de ser emprendedora de ti misma es que cada día es diferente; a menudo aprendes algo nuevo y, sobre todo, aprendes de los errores.

En mi opinión, la mejor forma dominar el arte de la resiliencia, es sin duda el siguiente:

"Aprender haciendo" (*"Learning by doing"*) o, lo que es lo mismo, asumir que todo es mejorable –que todo está en modo beta–, que los errores están implícitos y forman parte del proceso, del aprendizaje y del éxito.

Te pongo un ejemplo sencillo:

Hace poco tiempo perdí bastantes datos que tenía almacenados en mi equipo. No tenía copia de seguridad de todo.

Dos días antes de tener que formatear el ordenador, envié el boceto de este libro a mi familia para que lo leyera.

Pienso que las casualidades no existen, que las cosas suceden por alguna razón, que igual tenía que liberarme de miles de documentos que tenía almacenados y que quizá era el momento de empezar de nuevo.

Comenzar otra vez, significaba también renovarme en el libro, y trazar el nuevo norte a partir de un boceto que, casualmente, había salvado dos días antes de perder la mayor parte del trabajo realizado durante tres años.

Resiliencia significa formatearse casi a diario. Pensar que de los errores puedes sacar "la pepita de oro". Y después, ponerte en marcha y hacerlo. Aprender a construir a partir de los fallos y los fracasos.

Yo no era una persona resiliente, hasta que necesité serlo.

Diseño e implementación de nuevos hábitos: el truco de las "cajas pequeñas"

Si deseas ser emprendedora, seguramente tienes que cambiar algunos hábitos. Y estos están relacionados directamente con la forma en la que gestionas tu tiempo, o lo que es lo mismo: con llevar tú el timón y ser consciente de en qué y con quién inviertes tu tiempo, es decir, tu vida.

Hoy en día se habla mucho de "time management".

Los modelos de gestión del tiempo, al menos los que yo he seguido, están totalmente masculinizados y no sirven para una mujer profesional con hijos.

La primera razón por la cual puedo hacer esta afirmación es que muchas madres ejecutivas o autónomas tienen multitud de interrupciones a lo largo del día, entre una hora y otra, o entre una semana y otra, o entre un mes y otro.

Una profesional con hijos debe tener la habilidad de reestructurar su agenda con agilidad.

Además, siguiendo el calendario escolar, durante la tarde la mujer tiene que estar dividida entre lo profesional y los hijos, u ocupada totalmente en lo segundo.

A pesar de esto, una de las razones por las cuales todas procastinamos, es porque no acotamos las tareas. Y no se tú, pero yo nunca he conseguido terminar nada dividiéndolo en tramos temporales. Sólo lo consigo cuando lo divido en tramos espaciales o en lo que llamo el "truco de las cajas pequeñas".

Si pones una fecha para algo, no la vas a cumplir. Si pones fecha a las tareas de los demás, no las van a cumplir. Sin embargo, al dividir las tareas en algo físico o más tangible, las ves más accesibles y realizables.

Escribir las metas y poner fechas de finalización no implica cumplirlas. Porque las fechas son entes abstractos, y si están muy lejanas, todo se pospone para mañana.

Imagina que tu objetivo es una caja grande que tienes que llenar de cajitas pequeñas.

Para conseguir un objetivo, si metes cada día una cajita en la caja grande, llegará el momento en el que la tengas llena.

¿Quieres publicar un libro? Pues escribe una página cada día. ¿Hasta cuándo? hasta que lo veas terminado.

Si divides en cajitas pequeñas, te resultará más fácil de abordar el todo. Tienes la argumentación de esto en el libro *Lean Thinking*, de James Womack y Daniel Jones, con un ejemplo de ensobrado, en el que se demuestra que dividir una tarea en lotes pequeños es mucho más eficaz que abarcarla en su totalidad. El enfoque de ir uno a uno es la manera más rápida de terminar el trabajo.

Llenando un sobre cada vez, se consigue hacer el trabajo más rápido, porque nuestra intuición no tiene en cuenta el trabajo extra que se requiere para almacenar, amontonar y mover grandes pilas de sobres a medio completar, cuando se hace de la otra forma. Además, si –por ejemplo– los sobres son defectuosos y no cierran bien, deberíamos repetir todo el proceso.

Enfocando el trabajo en lotes pequeños, uno a uno, los errores se descubren inmediatamente y no es necesario repetir todo.

El resultado parcial no es tan importante como el resultado general de todo el sistema.

La base del éxito de los lotes o cajas pequeñas puede usarse para mejorar de forma espectacular la velocidad a la cual consigues tus metas. Trabajar con lotes pequeños te ayuda a minimizar el gasto de tiempo, dinero y esfuerzo.

Más info:

- Lean-principles
  http://lean-timer.com/lean-principles/

Recuerdo que hace tiempo realicé un training sobre gestión del tiempo; mi entrenador personal me aconsejó utilizar un *time counter*.

Lo instalé en el ordenador y también en el móvil. Monitorizaba todas las tareas que hacía; ponía un tiempo para cada una con el contador que, por cierto, te avisaba con un timbre cuando el tiempo se agotaba.

Pues bien, a la semana de usarlo, mi nivel de estrés se había elevado y mi autoestima estaba por los suelos. Además de estar más acelerada, el contador de tiempo consiguió que me sintiera idiota, porque tardaba en hacer las cosas mucho más de lo que creía. Algo que no entendía, porque siempre iba corriendo a todos los sitios.

En el caso de mujeres profesionales con hijos, no recomiendo la medición de tiempos; ni el contador, ni la famosa técnica del pomodoro. Por el contrario, si divides todas tus tareas en cajas pequeñas, lograrás:

- Abordar tus proyectos o metas.

- No te desgastarás en tomar decisiones que no tienen ningún valor para ti. Este segundo punto es importante y casi nadie repara en él.

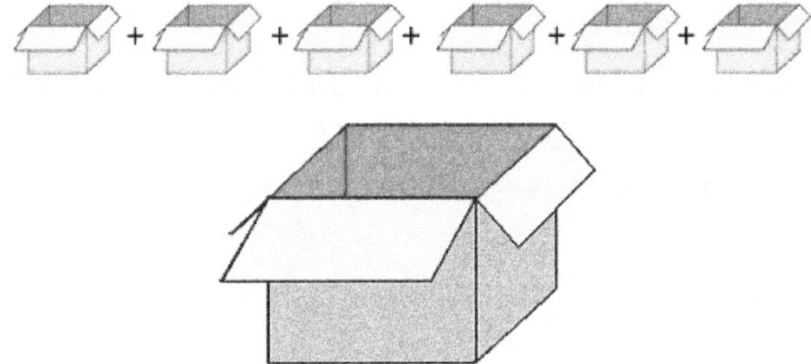

El Logro final es la suma de los logros diarios.
Divide tu gran meta o caja grande en cajas pequeñas.
Introduce cada día una caja pequeña dentro de la grande,
hasta que esté llena... y lo habrás logrado.

EMPRENDEDORA DE TI MISMA

Más info:

- Lean Startup:
  https://es.wikipedia.org/wiki/Lean_startup

- Lotes pequeños:
  https://www.youtube.com/watch?v=EWjRGOHnD2U

Valorar Tu Tiempo

¿POR QUÉ ESTOY DESGASTADA, AGOTADA, Y NO PUEDO LLEGAR A TODO?

Cambiar hábitos

Ocupamos la mayor parte del día en "apagar fuegos"; en cosas que no son tan urgentes ni tan importantes como creemos y que no implican en nosotras, ni en nuestras personas queridas, ninguna transformación.

A mí también me ocurría eso. Hasta que me di cuenta de varias cosas:

1. Que debía reestructurar mi tiempo de otra forma y priorizar lo que era importante.

2. Que estar más horas delante del ordenador no implicaba ni más dinero, ni más clientes.

3. Que había decisiones que me desgastaban y no tenían ninguna importancia.

Cambié mi horario. Comencé a levantarme dos horas antes que el resto de mi familia, todos los días, para trabajar en ellas, mis cajitas pequeñas.

Cuando despertaba a mis hijos para ir al colegio, ya había dedicado dos horas o dos horas y media a mis sueños y mi bienestar.

Tú puedes hacer lo mismo: escribir una página, realizar una tabla de ejercicios de relajación, escuchar un audio en inglés o repasar un tema de tu especialidad.

A medida que vayas obteniendo "velocidad de crucero", el tiempo que dedicas a cada meta se va reduciendo. De forma que podrás, si quieres, o bien aumentar el tamaño de tus lotes/cajitas pequeñas –escribir 2 páginas, escuchar 2 audios...–, o bien mantener su tamaño, e incorporar otra nueva meta en formato de caja pequeña o lote unitario.

Mira este vídeo de Robin Sharma en Youtube:

How to wake up early *http://www.robinsharma.com/blog/09/how-to-wake-up-early/*

...

En una reunión de padres del colegio hablamos sobre la creación de buenos hábitos en nuestros hijos. Pero claro, es difícil que ellos los tengan si no los practicamos nosotros.

La profesora nos mostró el audio de una entrevista de radio realizada al Mago More con motivo de la presentación de su último libro. En ella decía muchas cosas, pero dos me parecieron reveladoras:

- La toma de decisiones desgasta.

- La única forma de conseguir lo que quieres es crear HÁBITOS.

Me hizo pensar. Me di cuenta de que pasamos gran parte de nuestra vida tomando decisiones que no tienen importancia. Y eso invalida nuestra toma de decisiones en cosas que realmente suponen una transformación para nosotras y nuestras familias.

Más info: Busca en google, Entrevista de radio al Mago More. *http://www.rtve.es/alacarta/audios/no-es-un-dia-cualquiera/no-dia-cualquiera-mago-more-mejor-dar-paso-diario-hacer-maraton-solo-dia/3446732/*

Me di cuenta de que la clave no estaba únicamente en distribuir bien el tiempo, sino también en planificar de una sola vez, y ejecutar el plan de aquellas decisiones que me desgastaban.

En relación a esto, elaboré un menú mensual de comidas y cenas, del cual extraía los ingredientes que tenía que comprar. Calculaba el día exacto en el que tendría que ir al supermercado, en función de la cantidad de comida que compraba. Elaboré también un *cleaning system*, hasta que gané lo suficiente como para delegar las tareas de la casa.

Y comencé a aplicar en mi vida profesional, personal y familiar la regla de Pareto.

Aplica la regla de Pareto en tu vida

Esta regla, que tiene base empírica, comenzó siendo utilizada por el economista y sociólogo Vilfredo Pareto para hablar de la distribución de la propiedad; pero hoy en día se utiliza para casi todo… En el caso de las ventas, dice que 80% de las mismas proviene de un 20% de los clientes, aunque esto no coincide plenamente con la realidad en muchas ocasiones.

La aplicación de la regla de Pareto a una buena gestión del tiempo, tiene que ver con la priorización de las tareas.

Por eso, lo primero que podrías hacer es identificar qué es lo importante para ti, cuáles son los sueños que quieres hacer realidad.

Por otro lado, saber quién y qué te "roba el tiempo" y cómo puedes corregir esto.

Estas son algunos errores que puedes evitar en este sentido:

- La falta de planificación y de priorizar tareas.

- No saber decir "No".

- Posponer tareas.

- No saber delegar.

- Sobrecargarte de cosas aparentemente urgentes.

- Dilatarte en cosas que no te aportan nada (TV, por ejemplo…).

Determinados ladrones de tiempo, como las interrupciones, que tienen como consecuencia que te descentres, son más difíciles de evitar cuando tienes hijos pequeños.

Hay circunstancias habituales cuando trabajas y tienes hijos.

No puedes evitar la falta de sueño; no puedes evitar que los niños se pongan enfermos y que necesitan sentirte cerca en determinados momentos del día; no puedes evitar que, cuando están en casa, sea difícil realizar tareas que requieran concentración.

Muchas veces las circunstancias nos devoran, nos desbordan. Y esto hace que nos cueste identificar qué es lo importante y priorizarlo.

Lo importante es aquello esencial para cumplir tus objetivos profesionales, personales y familiares; buscando también lo que sea más rentable para ti y genere un mayor impacto positivo.

La matriz de gestión del tiempo

Aplicando la regla de Pareto a la gestión del tiempo, deberíamos priorizar el 20% de las tareas que nos producirán el 80% de los resultados e impacto.

El 20% de las tareas está en el cuadrante II de la matriz de gestión del tiempo de Stephen Covey, denominada:

Time Management Grid: *http://www2.usgs.gov/humancapital/documents/TimeManagementGrid.pdf*

La puedes encontrar en muchos sitios web, buscándola así: *"Covey time management matrix"*.

En *Youtube* tienes también un vídeo sobre los 7 hábitos, que Covey promovía en su libro más famoso: *"7 Habits of Highly Effective People"*: *https://www.youtube.com/watch?v=U8LM4C1l70U*

La sugerencia que te hago es dedicar las dos primeras horas del día –esas dos horas en las que te levantas antes que los demás– a tus tareas más importantes; aquellas que te generan mayor impacto, rendimiento, y que son fundamentales para conseguir tus objetivos: a ese 20% que te genera el 80% de valor.

Compra un cuaderno y planifica; escribe en él todos los días.

Como ejemplo, te muestro aquí mi matriz de tiempo, en la que además escribo a diario 3 frases que me sirven de apoyo y los 3 objetivos claves que tengo en mente para cumplir en el año.

1. Fecha, semana del año (nº).

2. Objetivos:

    a. económicos para 2.000 horas laborables/año.

        i.   ¿Cuánto quiero ganar en 1 hora?

        ii. ¿Cuánto quiero ganar al día?

  b. profesionales, personales, familiares (defino 3).

3. Escribo mis 3 frases de motivación diaria.

4. Mi matriz de gestión del tiempo:

A. Lo que debo hacer ***(Must to do)***	***B. Lo que debería hacer*** ***(Should to do)***
Todo lo que tiene consecuencias inmediatas si no lo haces: rutinas diarias, urgencias que debes solucionar. Priorizar: A1 A2 A3 …	Lo que me genera mayor impacto y rendimiento. Lo fundamental para conseguir mis objetivos anuales. Priorizar: B1 B2 B3 …
C. Actividades interesantes ***(Nice to do)***	***E. Eliminar***
No influyen en tu rendimiento, pero pueden aportarte valor. Priorizar: C1 C2 C3 …	Aquello que no te aporta valor y debes eliminar. Personas tóxicas que no valoran tu tiempo. Priorizar: E1 E2 E3 …
D. Delegar	
Lo que te quita tiempo para hacer lo importante y puedes delegar a otr@s. Priorizar: D1 D2 D3 …	

En mi caso, muevo las tareas del cuadrante B al A.

Las C, las hago cuando puedo.

Las D, las decido cuando estoy filtrando A.

Y las E, muchas veces no las escribo; las elimino de mi mente. Porque lo que está en mi cabeza, está escrito en el papel.

Yo planifico la noche anterior el día siguiente, porque el subconsciente trabaja mientras duermes.

...

A todo esto hay que añadir lo siguiente: la agenda escolar.

Tu planificación debería estar adaptada en función de esta. Esto implica que hay momentos en el día, mes, trimestre y año, de mayor y menor productividad, que debes saber predecir y controlar. Es decir, planificar en función del calendario escolar, que en España es:

- Julio y agosto (valles) = 2 meses. 40% de productividad y acciones.

- 15 diciembre a 15 enero; 3 semanas entre marzo y abril (valle) = 1 mes y 3 semanas. 40% de productividad y acciones.

- Junio y septiembre (medios) = 2 meses. 60% de productividad y acciones.

- 15 a 31 de enero, febrero, 1 a 15 de marzo, 15 a 30 de abril, mayo, octubre, noviembre, 1 a 15 de diciembre (picos) = 6 meses, 100% de productividad y acciones.

En mi opinión, una mujer profesional con hijos debería aprender a planificar el año siguiente en julio o agosto del año anterior, e ir corrigiendo sus objetivos durante los meses restantes del año (septiembre, octubre, noviembre y diciembre).

En el caso de las mujeres emprendedoras, autónomas, con hijos (autoempleadas o con microempresa o pequeña empresa), la foto es clarísima ya que deben concentrar su productividad y resultados al 100%, en seis meses del año.

CALENDARIO ESCOLAR 2015-2016

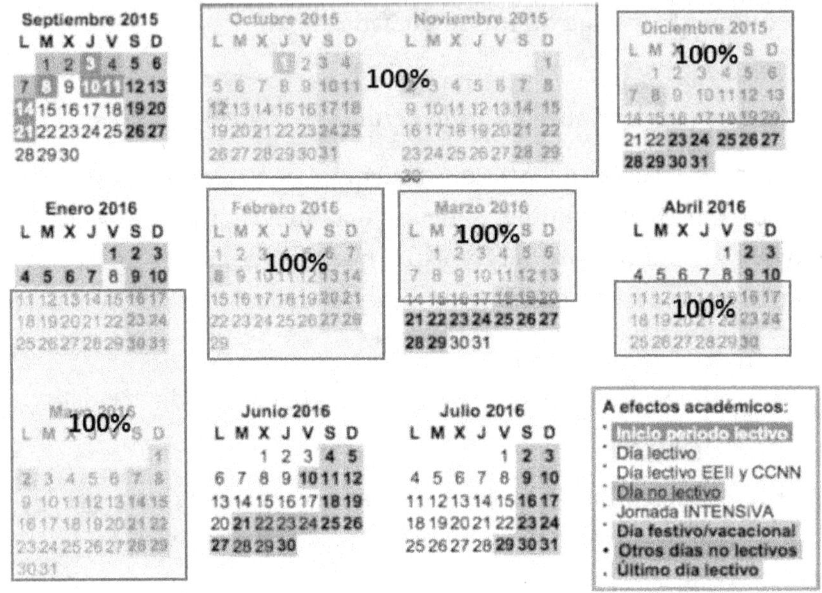

El mayor activo que tenemos es el "TIEMPO". Todos los altos directivos llevan a cabo una gestión EFICAZ de su tiempo, para el logro de sus objetivos: profesionales, personales y familiares.

Por eso, el gran reto de las profesionales con hijos es lograr el deseado "WORK-LIFE BALANCE".

...

A esto tendríamos que añadirle otro factor clave. La mujer que toma la decisión de tener un hijo (sea por causas naturales o mediante la adopción), se planifica para recibirle antes de que llegue el momento.

Esa preparación previa es superada por la experiencia vital aunque, obviamente, ayuda bastante el hecho de estar informada.

¿Dónde te has quedado en la pirámide de Maslow?

Cuando llega el momento de vivir la experiencia hay una verdad innegable: los hijos suponen un sacrificio importante, y a la vez son el mejor regalo de tu vida. Como todos sabemos que esto es así, es redundante decir que el sacrificio es grande cuando solo hay una persona que lo asume, aunque compensa enormemente la satisfacción de disfrutar de ellos y verlos crecer.

Si conoces la pirámide de Maslow, sabrás que divide la jerarquía de las necesidades humanas en 5 niveles: los cuatro primeros pueden ser agrupados como necesidades primordiales; al nivel superior Maslow lo denominó «autorrealización» o necesidad de ser.

La idea básica es que todos aspiramos a satisfacer necesidades superiores. Las fuerzas de crecimiento dan lugar a un movimiento ascendente en la jerarquía, mientras que las fuerzas regresivas empujan las necesidades prepotentes hacia abajo en la jerarquía. Según la pirámide de Maslow dispondríamos de:

Necesidades básicas:

- ***Necesidades fisiológicas básicas:*** respirar, hidratarse y alimentarse, descansar, evitar el dolor, vivir en un ambiente cálido o con vestimenta.

- ***Necesidades de seguridad y protección:*** sentirse seguro y protegido: Seguridad física y de salud. protección de bienes y de tus activos, vivienda.

- ***Necesidades sociales o de afiliación:*** relaciones de amistad, pareja, colegas o familia. Aceptación social.

- ***Necesidades de estima o reconocimiento:*** dos tipos de necesidades de estima, una alta y otra baja.

  - La estima alta: respeto a uno mismo, confianza, competencia, maestría, logros, independencia y libertad.

  - La estima baja: (de los demás hacia una) necesidad de atención, aprecio, reconocimiento, reputación, estatus, dignidad, fama, gloria, e incluso dominio).

La merma de estas necesidades se refleja en una baja autoestima e ideas de inferioridad. El tener satisfecha esta necesidad apoya el sentido de vida, y la valoración como individuo y profesional que tranquilamente puede escalonar y avanzar hacia la necesidad de la autorrealización.

La necesidad de autoestima es la necesidad del equilibrio en el ser humano, dado que se constituye en el pilar fundamental para que el individuo se convierta en la persona de éxito que siempre ha soñado, o en una persona abocada al fracaso, que no puede lograr nada por sus propios medios.

- ***Autorrealización:*** este último nivel habla de la necesidad psicológica más elevada del ser humano, y es a través de su satisfacción que se encuentra una justificación o un sentido válido a la vida, mediante el desarrollo potencial de una actividad. Se llega a esta cuando todos los niveles anteriores han sido alcanzados y completados, al menos hasta cierto punto.

  Fuente: busca en Wikipedia "Pirámide de Maslow": *https://es.wikipedia.org/wiki/Pir%C3%A1mide_de_Maslow*

Ahora que ya conoces el funcionamiento de la pirámide de Maslow, contesta internamente a estas 5 preguntas:

1. ¿Te gustaría que tus hijos llegasen a la cúspide de su autorrealización?

2. ¿En qué nivel o niveles de la pirámide ayudas diariamente tú a tus hijos, para que en un futuro lleguen a la cima de la misma?

3. ¿Qué porcentaje de sacrificio asumes para que ellos puedan alcanzar su autorrealización, ...para fomentar en ellos la moralidad, la creatividad, la aceptación de los hechos, la resolución de problemas?

4. ¿Es un sacrificio compartido o lo asume solo una persona?

5. ¿Cuánto desciendes y sacrificas tú en la pirámide de Maslow para que tus hijos y tu pareja –si la tienes- ascienda en la misma?

El hecho de que haya tan pocas mujeres que llegan a la autorrealización nos hace pensar que la clave está en identificar carencias y repensar la base 4 de la pirámide: "Necesidad de estima o reconocimiento (de una misma y de los demás)".

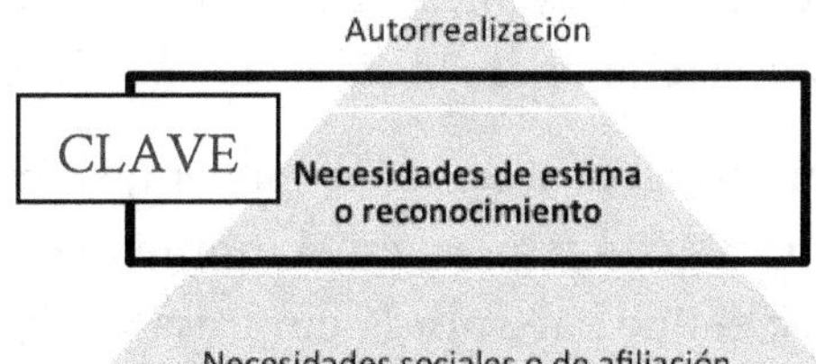

Tenemos derecho a poder planificar

"Planificar no es pensar en las decisiones futuras, sino en el futuro de las decisiones presentes".

Peter Drucker.

La profesional con hijos tiene que tener derecho a planificar; a poder tomar decisiones hoy, sabiendo que estas tendrán consecuencias positivas para ella y su entorno, en el futuro. Tiene derecho a llevar el timón de su carrera; a saber cuál es su misión, su lugar en el mundo; a que nadie la relegue a un segundo plano cuando quiera y deba ocuparse de sus hijos.

Es evidente que en muchas compañías actuales, cuando una mujer profesional tiene hijos, se convierte en una especie de deportista en el declive de su carrera. El asunto es que cualquier deportista profesional sabe eso: que llegará un momento en su vida en el que tendrá que continuar otros nuevos caminos, que pueden estar o no relacionados con su profesión.

Pero una mujer directiva no lo sabe, porque nadie en la empresa se lo explica. Esta ocultación de la verdad crea mucha confusión e inseguridad. Por otro lado implica, para la mujer, la imposibilidad de planificar con antelación, para trazarse un nuevo camino.

Una mujer profesional deja de ser lo que era, en el subconsciente corporativo de muchas compañías, en el momento en que divide su sacrificio entre dos: el que hace por la empresa y el que hace por los hijos.

Si imagináramos una entrevista de trabajo ideal, ¿te hubiera gustado decirle al jefe de personal esto?: ¿Y si hago bien mi trabajo pero decido tener hijos, ustedes seguirán apostando por mí?

Todos sabemos que si necesitas trabajar no vas a poder hacer esta pregunta. Vas a conformarte con lo que te den. Vas a adaptarte y a resignarte. Vas a ver cómo otros hombres y mujeres sin hijos te superan, haciendo el mismo trabajo que tú.

Volviendo al símil, el deportista de élite sabe que llegará el día en que su carrera acabará, y tendrá que buscar otro rumbo. Tiene tiempo para asesorarse y pensar, para tomar la decisión acertada. La madre directiva se encuentra, probablemente, en el mejor momento; en su madurez profesional... Pero tiene que lidiar con una situación que desconoce, que no ha podido planificar con tiempo y de la cual no se habla abiertamente.

Una mujer deja de ser lo que era para una empresa en el momento en el que tiene que salir a una hora de la oficina para ir a buscar a sus hijos al colegio; en el momento en el que tiene que pedir unas horas o un día libre porque su niño se pone enfermo; cuando no puede llegar a casa muy tarde porque los hijos tienen deberes y actividades extraescolares.

Para los hombres profesionales y viudos, divorciados o solteros y con hijos a cargo, todo el mundo asume que necesitan una compañera/o que les ayude en el día a día y les alivie un poco toda la responsabilidad.

Pero ¿qué ocurre con la mujer? Hay muchas mujeres viudas, divorciadas o madres solteras, que tienen que asumir todos los roles, y el mundo da por hecho que esto es lo normal.

La falta de transparencia en determinadas organizaciones frente a las madres profesionales, es evidente. Y debería corregirse por el bien de todos.

En marketing hablamos del ciclo de vida de los productos y de los clientes; y en el mismo sentido, deberíamos hablar del ciclo de vida de las personas en las compañías, con mucha más honestidad de la habitual.

Por eso te animo a que seas valiente y, antes de dar el paso de entrar en una empresa, preguntes cuál es tu ciclo de vida allí. Si ya estás dentro, podrías pensar en esto: "No pongas todos los recursos en un mismo saco" y diseña un plan ABZ.

Sé que es difícil conseguirlo, pero también es un buen consejo. Al menos es el que a mí me hubiese gustado recibir, en determinados momentos de mi carrera.

Tu plan ABZ

En este sentido, apelo a las sabias enseñanzas de la Nana (abuela), y agradezco al amigo, que me envió por email esta historia. La de una abuela que, ayudando a su hija con su nieto recién nacido que no paraba de llorar, le dijo: "Better they cry, than-a you cry" ; mejor que lloren ellos (los niños), a que llores tú.

En ese contexto, hablamos de que si consientes todo a tus hijos y les das lo que quieren siempre para que no lloren, al final quien llorarás en un tiempo, serás tú.

Enlazando con esta historia que seguro ya conoces, ponía el mismo ejemplo en la vida profesional, con el caso de una mujer que trabajaba en una compañía.

Dicha empresa cambia de rumbo en su dirección estratégica, y propone a esta persona un cambio de destino; pero ella, que cuenta con una trayectoria impecable allí, no puede trasladarse. Entonces, decide seguir su camino. Una máxima que puedes aplicar a tu papel como madre/padre y a tu vida profesional.

En la vida y en la empresa, a veces surgen comportamientos similares. Si eres una persona de valor, que te has esforzado al cien por cien por la compañía, y en el momento en el que tienes que ocuparte de tus hijos o no puedes viajar tanto, descubres alguna señal negativa por no alcanzar las exigencias de la empresa... ¿No crees que es mejor tomar una decisión pensando en ti? ¿No crees que es mejor ser colaboradora ahora, que felpudo después?

Quizá es el momento de seguir tu propio camino, antes de que ciertas cosas ocurran... "Better they cry, than-a you cry". O puede ser el momento de diseñar tu plan ABZ.

Es totalmente respetable que una compañía quiera solo personal joven, que no esté sometido al sacrificio que conlleva el compromiso familiar. También es obvio que una mujer, cuando tiene hijos, quiere compatibilizar su vida profesional y familiar y tener éxito en ambas. Se lo merece.

Muchas ex compañeras de empresas en las que he trabajado, han optado por el recurso de reducir su jornada laboral durante los primeros años de vida de sus hijos.

En el momento en que tomas esa decisión tu carrera profesional ha terminado; se ha estancado. La realidad es que, con este planteamiento, es muy difícil que puedas ascender en la compañía; y por otro lado, si estás en esta situación: ¿aprovechas el resto del día para trabajar en nuevos planes B y Z, además de ocupar el tiempo en el cuidado de tus hijos? Sé sincera y contesta "NO".

Te recomiendo el libro: The Startup of You de Reid Hoffman, el fundador y Presidente de LinkedIn, para aprender a diseñar tu propio plan "A (el que tienes ahora mismo), B por si falla A, Z o tu bote salvavidas": ABZ:

http://www.thestartupofyou.com/about-the-book/

El truco "siguiente"

Creo que cuando carecemos de autoconocimiento, entramos en la zona peligrosa del autoengaño.

Es aquí cuando llega el momento de mirarse en el espejo.

Yo utilizo, para aclararme, el método 3, 3.3, next que describe Bob Proctor en su Libro "You were born rich".

Para pasar a este punto, previamente tienes que tener claro lo que quieres hacer.

…

Traza una línea en la mitad de una hoja. En el encabezado de la izquierda escribe: ¿Por qué no puedo hacerlo? y en el encabezado de la parte derecha escribe: ¿Cómo lo haré? Debajo de "cómo lo haré" describe cómo vas a trabajar tus sueños.

Por cada objeción en la que escribes POR QUÉ NO PUEDES, describe otra, la SIGUIENTE, en la parte derecha, en la que explicas CÓMO PUEDES hacerlo. 3 objeciones y 3 convicciones.

Este ejercicio te sirve para darte cuenta de dos cosas:

- La primera es la capacidad de resolución que tienes, ya que por cada inconveniente siempre hay una solución.

- La segunda viene a decir que la mayor competencia e incompetencia las tiene una consigo misma.

Saber más:

- Bob Proctor: http://www.proctorgallagherinstitute.com/

A partir de aquí viene lo más difícil: arriesgar el tiempo justo y el menor dinero posible en conseguir tus metas. Una vez que comiences a trabajar en ellas y sepas cómo hacerlo, podrás pasar a la acción y comenzarás a automatizar el proceso, de forma que ya no podrás echarte atrás, porque actuarás por inercia, como las ruedas que giran bajando una cuesta.

Para arriesgar el tiempo justo, te recomiendo trabajar cada tarea en el momento del día en que mejor encaje.

Hay tareas que hacer a lo largo del día, pero hay otras, que necesitan un ambiente o momento muy concreto, porque requieren concentración o aislamiento.

Te resultará más sencillo introducir cada objetivo en su lugar natural, antes que asignar un horario rígido en el que no encaje.

En el momento en el que automatices determinados ítems, te irás dando cuenta del tiempo que tardas, y cada día que pase, este será menor.

Lo que sí resulta relevante es saber cómo arriesgar el mínimo de dinero para conseguir tus objetivos.

El método del *"Descubrimiento del cliente"* de Steve Blank, te puede ayudar mucho en este sentido. Hablaremos de él más adelante.

Dominar Las Circunstancias

"El éxito no es el final, el fracaso no es la ruina, el coraje de continuar es lo que cuenta"

Winston Churchill

La conducta digital

Como te comenté al principio; si lo que deseas, por ejemplo, es encontrar un trabajo, no puedes buscarlo como lo hacías hace 20 años, es decir, con las herramientas analógicas. En primer lugar porque el mundo de hoy es digital.

En la medida en que la comunicación entre individuos se ha ido haciendo cada vez más accesible online y globalmente, la persona se ha puesto en el centro de todas las iniciativas. O al menos en aquellas que están teniendo éxito.

Hoy, cuando alguien te habla de un producto, servicio o proyecto, dime: ¿qué es lo primero que haces? Contestamos las dos a coro: lo buscas en Google, Twitter u otras redes sociales.

Te pregunto: ¿quién te habló de este producto, proyecto o servicio?; y me contestas: "me lo dijo una amiga"; o "me enteré en un grupo de Whatsapp", o "lo vi en Facebook, Youtube"... o "a través de un tuit de una persona"...

A nivel de usuario digital, podríamos hablar de 4 estadios generales, ya que en cada uno de ellos hay diferentes perfiles en cuanto al estilo de vida (profesional y personal): el no-usuario, el pasivo-observador, el activo-autodidacta y el activo profesional.

El primer y segundo estadio corresponden al de la persona analógica. El tercero, al de la persona que utiliza una red social y reproduce esa misma experiencia de usuario en otra, que funciona de forma totalmente distinta. Es quien no sabe lo que hace, ni para qué lo hace.

Por otro lado, el activo profesional es aquel que antes de formar parte de una red se entrena en su uso profesional y la utiliza como herramienta para lograr sus objetivos, que generalmente son comerciales o de promoción de carrera profesional.

Yo fui una activa autodidacta cuando llegué a LinkedIn.

Di de alta mi cuenta, creé un perfil bastante pobre y comencé a recomendar en el muro los posts que me gustaban. Así es como empieza mucha gente hoy.

Todo esto lo hice mientras estaba trabajando por cuenta ajena, y me engañaba pensando que como tenía trabajo, no necesitaba ponerme en serio con ello.

Si quieres ser emprendedora de ti misma, y tener éxito al compatibilizar lo offline con lo online –el trabajo por cuenta ajena y por cuenta propia–, debes conseguir que las redes trabajen por ti. Para ello, necesitas:

- Especializarte y definir claramente tu posicionamiento o misión –en qué destacas, qué ofreces–.

- Ser consistente en ella: definir tu propuesta en el mercado.

- Medir el alcance de la misma en tu audiencia: tanto en anchura como en profundidad de red y en idiomas.

- Saber que cuanto más sólido y auténtico sea tu posicionamiento, más fuerte y fiel será tu comunidad; es decir, la gente que te sigue, te comparte y te apoya.

- Tener en cuenta que en tu red tendrás free users y clientes. Que habrá gente que te seguirá y compartirá lo que propones, pero no pagará por tus servicios.

- Tener claro para qué quieres cada red y plantear una estrategia flexible en la cual tendrás que pivotar o iterar.

Yo siempre he optado por buscar un mentor en cada red profesional, que me enseñara a utilizarla para lograr mis objetivos, por varias razones:

1. Prefiero ir mucho más rápido y no eternizarme leyendo libros, sino utilizar estos últimos como apoyo en mi formación, y descartar los que son básicos.

2. Un mentor ya hace lo que tú quieres llegar a hacer y, sinceramente, yo prefiero pagar para que me enseñe la persona que sabe más que yo, porque es mucho lo que hay en juego: mi posicionamiento, mi éxito profesional y mi bienestar.

Esto me ocurrió con LinkedIn y también con Twitter; pero haré lo mismo con el resto de redes en las que necesite tener presencia y estar posicionada.

La razón de insistirte tanto con las redes es obvia:

- Te permiten estar deslocalizada

- Te permiten crear comunidad de personas y después de esto, las estructuras.

...

Linchpin de Seth Godin es un libro inspirador. Resume que todos podemos ser "artistas"; o, lo que es lo mismo, arquitectos de nuestra vida.

Dice que una de las razones por las cuales, algunos lo son y otros no, es porque los primeros se eligen a sí mismos, creen en sí mismos y actúan. Y los segundos, nunca lo hacen.

Ahora, tú me dices que lo único que quieres es conseguir un trabajo y poder compaginarlo con tu vida familiar. Y yo te contesto que lo más probable hoy y en el futuro, es que tengas hasta tres trabajos; aunque uno de ellos sea por cuenta ajena.

Que la realidad actual es líquida y se escurre entre los dedos, que se crean nuevos modelos de negocio a un ritmo vertiginoso, se reinventan y se destruyen otros; los que hasta ahora habían funcionado. No tienes más que leer el libro Knowmads de Raquel Roca, para testar lo que viene.

Saber más:

- *https://www.goodreads.com/work/quotes/7421862-linchpin-are-youindispensable*
- Libro *"Knowmads. El trabajador del futuro"*, Raquel Roca.

Elegirte a ti misma y a lo que quieres para tu vida

La mejor forma de ayudarte es, en primer, lugar inspirarte para que te pongas tú en el centro. En segundo lugar, agarrarte de la mano para llevarte hacia el nuevo escenario, en el que existe la vida hoy: el digital. Y este es el que puedes compaginar con el offline-profesional, y con tu vida personal y familiar.

Antes de entrar en este mundo digital, te animo a entender lo que dice Bob Proctor en su Ley de la Atracción, y escribo aquí parte de la transcripción del vídeo que puedes ver mencionado debajo:

Todo lo que está vinculado a tu vida lo estás atrayendo tú. Somos una alma y vivimos en un cuerpo físico y tenemos la habilidad de dictar la vibración en la que nuestra mente y cuerpo están inmersos.

En el universo, nada está en reposo. Todo se mueve y vibra a distinta velocidad. Nosotros podemos movernos a una vibración positiva o negativa.

Describimos como "sentimiento", el grado de consciencia que tenemos sobre la vibración en la que estamos. Cuando estás en una vibración negativa, atraes hacia ti, energía negativa y situaciones negativas hacia tu vida.

Tenemos la habilidad consciente de elegir las imágenes que vamos a retener en nuestra mente. Elegimos nuestros pensamientos. Cuando juntamos pensamientos, creamos ideas.(…).

Usando la imaginación, puedes crear imágenes en la mente. UNO DICTA LO QUE VE. Nadie te puede hacer pensar en algo en lo que no quieres pensar. NOS CONVERTIMOS EN LO QUE PENSAMOS.

(…) ERES EL ARQUITECTO DE TU VIDA.

Si quieres mejorar tu vida, reeduca tu mente, haciendo la imagen de lo que quieres aferrándote a ella y quédate en esta vibración. La energía atrae energía similar.

Crea la imagen del mundo en el que quieres vivir. Establece un propósito para tu vida. Entiéndete a ti mismo. (…).

Sólo puedes atraer hacia ti, las cosas que vibran contigo.

Fuente:

- Youtube: Bob Proctor. Ley de Atracción:
  https://www.youtube.com/ watch?v = OHGbpdKeuWA

- POR WILL SMITH, Ley de la atracción:
  https://www.youtube.com/watch?v=kFlNx8gREpE

El test de Franklin y DAFO Came

Ahora llega el momento de hacer foco en tus metas y comenzar a bocetar en el lienzo en blanco.

Fijarte en tus fortalezas y describirlas. Fijarte en tus debilidades y describirlas. Todo ello en relación a la consecución de lo que quieres lograr.

Lo que estás haciendo aquí es profundizar; ir más allá. Mirarte por dentro, creer en ti e indagar en lo que te falta para transformar, con el logro de tu meta, tu propia vida y la de los demás. Reforzar tus fortalezas para mostrarte diferente y única, y que tus debilidades no se noten tanto.

A esta herramienta se la llama Test de Franklin. En ella diferencias tus pros y tus contras frente a un reto.

Pero, a mí me resulta mejor –por ofrecerme una información más concreta– el DAFO Came; uno muy especial… Aquel que haces sobre ti misma.

El análisis CAME se extrae y relaciona con una herramienta muy conocida en negocios que se denomina DAFO (Debilidades propias del negocio, Amenazas del mercado, Fortalezas del negocio, Oportunidades del mercado) y también se aplica en coaching.

	Puntos fuertes	Puntos débiles
Origen Interno	Fortalezas (describir)	Debilidades (describir)
Origen Externo	Oportunidades (describir)	Amenazas (describir)

El análisis CAME va más allá del DAFO. Se plantea para el estudio previo de una idea de negocio o proyecto, pero en mi opinión sirve también para definir la viabilidad de cualquiera de tus metas. Y se basa en "cómo vas a hacerlo":

CAME	PUNTOS FUERTES	PUNTOS DÉBILES
ORIGEN INTERNO	Cómo mantener las FORTALEZAS (describir)	Cómo corregir DEBILIDADES (describir)
ORIGEN EXTERNO	Cómo explotar las OPORTUNIDADES (describir)	Cómo afrontar las AMENAZAS (describir)

Pongamos un ejemplo. Imaginemos que tu meta es lograr un trabajo en el que puedas servirte de herramientas de internet y del móvil, para que puedas compatibilizarlo con tu vida familiar.

Intenta escribir al menos de tres a cinco ítems en cada uno de los apartados.

Tu DAFO podría ser algo así:

Debilidades internas

- Desconocimiento de herramientas de internet y móvil, no tener a nadie que me oriente.

- No sé en qué puedo ser buena.

- Falta de dominio del inglés.

Fortalezas internas

- Logros profesionales hace años: dirección de equipos, obtención de resultados.
- Agilidad y capacidad de trabajo.
- Experiencia y especialización en mi área.

Amenazas del exterior

- Gente joven muy preparada.
- Crisis y falta de trabajo.
- Gente sin limitaciones familiares.

Oportunidades del exterior

- Demanda de puestos digitales.
- Fuga de talento joven al extranjero.
- Existencia de círculos profesionales, educativos, de los que puedo formar parte...

Y ahora vayamos a las soluciones del DAFO Came. Al "cómo":

Corregir las Debilidades interiores

- Training, mentoring. Free o de pago. E-books y podcasts sobre la transformación en los modelos de negocio, sobre liderazgo en tu sector. Sobre marca personal, ventas...
- Búsqueda de empresas más tecnológicas, que apuesten por la flexibilidad horaria.
- Profesionalización en LinkedIn e información sobre otras redes en las que puedes estar.

Afrontar las Amenazas del exterior

- Todas las que tienen que ver con las ventajas de un perfil más joven: sopesar la juventud con experiencia. Estabilidad. Compromiso a largo plazo. Madurez.

- Capacidad de resolución.

- Poder de influencia en tus círculos.

Mantener las Fortalezas interiores

- Las relacionadas con tu especialidad y con tu capacidad de gestión en tus tres trabajos: el hogar, los hijos y tu especialización profesional.

Explotar las Oportunidades del exterior

- Es el mejor momento para las mujeres. Tienes que aprovechar el contacto con otras mujeres que ya lideran en sus ámbitos profesionales, para que puedan ayudarte. Habla con otras mujeres que se sientan como tú, para dar y recibir apoyo.

En tu caso, yo me centraría en explotar las fortalezas interiores al máximo y aprovechar las oportunidades y herramientas del mercado, para ejecutarlas.

Por otro lado, intentaría que mis debilidades internas no se notaran y –en este sentido– buscaría a otras personas con las cuales aliarme o colaborar, y para las cuales mis debilidades internas sean sus fortalezas. El yin-yang de siempre.

Saber más:

- ANÁLISIS DAFO:
  https://es.wikipedia.org/wiki/An%C3%A1lisis_DAFO

- DAFO CAME: *http://www.mejorartucv.com/que-es-un-analisis-came-y-como-usarlo-en-la-busqueda-de-trabajo/*

Resiliencia: mujeres capaces

"Los obstáculos no tienen que detenerte. Si te encuentras con un muro, no te des la vuelta o te rindas. Averigua cómo escalarlo, atravesarlo o rodearlo."

Michael Jordan.

Hasta hace muy poco tiempo, muchas mujeres han tenido que adoptar roles o "nicks" masculinos, para no dejar al descubierto su propia identidad. Así es cómo han derribado muros. En muchas ocasiones, adoptando papeles de hombre y en otras, camuflándose. O bien, revelándose en la sombra o en la clandestinidad, pero dejando un legado que se ha perpetuado durante siglos.

Joanne «Jo» Rowling, escribe bajo los seudónimos J. K. Rowling y Robert Galbraith.

Su nombre, en el momento de la publicación del primer libro de Harry Potter era «Joanne Rowling». Antes de lanzarlo, su firma editorial, Bloomsbury, temió que la audiencia de muchachos jóvenes se viese reticente a comprar libros escritos por una mujer. Por lo tanto, pidieron a Rowling que utilizase dos iniciales en lugar de revelar su nombre de pila. Como no tiene segundo nombre, eligió la letra K por Kathleen como la segunda inicial de su seudónimo, obtenida del nombre de su abuela paterna. Así es como Joanne se camufló en una identidad masculina.

Wikipedia: J.K. Rowling:

https://es.wikipedia.org/wiki/J._K._Rowling

Joanne, que en sus inicios pasó por numerosas dificultades económicas y personales, nos regala consejos como estos:

https://www.youtube.com/watch?v=bvMtUued

1. Failure helps you discover yourself.

2. Take action on your ideas.

3. You will be criticized.

4. Remenber where you started.

5. Believe.

6. There is always trepidation.

7. Life is not a checklist of achivements.

8. Persevere.

9. Dreams can happen.

10. We have the power of imagine better.

...

"I decided to make mine a life that was worth saving. And then, I just got on with it".

Dame Stephanie Shirley

Revelador y repleto de humor sarcástico, es también el testimonio de Dame Stephanie Shirley, definida como la empresaria de tecnología más exitosa de la historia.

En la década de 1960 fundó una compañía de software solo de mujeres, pionera en el Reino Unido, que llegó a valer 3000 millones de dólares, e hizo millonarias a algunos de sus empleadas.

Stephanie explica por qué en aquella época se hacía llamar "Steve", cómo cambió las expectativas del momento, y comparte algunos trucos certeros para identificar mujeres ambiciosas...

Te pido, por favor, que no te pierdas ni un solo comentario y que escuches varias veces su historia de TED Talks, si es posible:

Stephanie Shirley: Why do ambitious women have flat heads?

https://www.ted.com/talks/dame_stephanie_shirley_why_do_ambiti ous_women_have_flat_heads?language=es

...

"Leadership belongs to those who take it"

Sheryl Sandberg

Sheryl Sandberg, la directora de operaciones de Facebook, ha escrito un libro llamado LEAN IN e imparte conferencias sobre liderazgo femenino.

Sheryl pregunta porqué llega a la cima de su profesión un porcentaje menor de mujeres que de hombres, y brinda grandes consejos para las mujeres que apunten a la alta dirección.

Sheryl ha creado, y encabeza, el movimiento LEAN IN para empoderar a las mujeres de todo el mundo, a través de círculos de influencia o comunidades.

Puedes ver el vídeo de su ponencia más famosa aquí: TED Talks

Why we have too few women leaders?

https://www.ted.com/talks/sheryl_sandberg_why_we_have_too_few _women_leaders?language=es

Marcela Lagarde, es una académica, antropóloga e investigadora mexicana, especializada en etnología, representante del feminismo latinoamericano. El feminismo, según Lagarde, constituye una afirmación intelectual, teórica y jurídica de concepciones del mundo, modificaciones de hechos, relaciones e instituciones.

Socia fundadora de la Red de Investigadoras por la Vida y la Libertad de las Mujeres, Marcela es el mayor referente del feminismo en Latinoamérica. Activista y teórica, se ha dedicado al estudio de la condición femenina, ha realizado numerosas publicaciones tratando temas como el cautiverio, cuidado, sexualidad, amor, poder, trabajo, violencia, subjetividad, religión, derecho, maternidad, etc. Es autora de numerosos artículos y libros sobre estudios de género, feminismo, desarrollo humano y democracia, poder y autonomía de las mujeres.

Los cautiverios de las mujeres, entrevista a Marcela Lagarde Youtube:

https://www.youtube.com/watch?v=n5GWayZ6zTU

...

Nadir Chacín lidera el proyecto denominado "Mindfulness para mujeres".

http://mindfulnessparamujeres.com/acerca-de/

Explica que nuestros comportamientos, pensamientos, emociones y sentimientos son una respuesta automática que obedece a unos condicionamientos determinados tanto por el momento histórico como por la sociedad, la cultura y el contexto familiar.

Sin embargo, podemos desarrollar nuestra conciencia de lo que sucede fuera y adentro de nosotros mismos.

La palabra en inglés "mindfulness" se refiere a ese estado de atención plena o consciente. Al aquí y ahora. Como dice la maestra de meditación budista Dipa Ma, a quien Nadir menciona en numerosas ocasiones, "mindfulness" implica *"ser consciente de todo lo que hagas"*.

Al desarrollar el amplio potencial de nuestra conciencia, podremos ser responsables de la forma en que vivimos y no seguiremos culpando siempre a otros, o al sistema, de la vida que llevamos.

Tener la conciencia viva significa entender que nuestras acciones tienen consecuencias y que podemos transformar nuestra forma de vida y a nosotras mismas.

Nadir dice que es posible abandonar el "piloto automático" que nos dirige la mayor parte del día y controlar el timón de nuestras vidas para nuestro beneficio, el de nuestra comunidad cercana y el de la sociedad.

La práctica de la meditación, es una de las vías a través de las cuales

podemos cultivar "mindfulness" y hacer que esos momentos "mágicos" de conexión con la vida se repitan a diario y no sean solo algo extraordinario. Tiene como interés principal la enseñanza y la difusión de la meditación y de otras técnicas, métodos y disciplinas para desarrollar la conciencia de las mujeres, mediante cursos y talleres, tanto presenciales como en línea.

Más info:

- Sex, gender, & health — one size doesn't fit all: Dr. Justina

- Trott at TEDxABQWomen:
  https://www.youtube.com/watch?v=cjIqNduu1qU

- Women Leadership en TED:
  https://www.ted.com/search?q=women+leadership

Diseño e implementación del liderazgo femenino

La antes mencionada Marcela Lagarde afirma que la mujer, a lo largo de las civilizaciones e incluso en la actualidad, no ha cambiado sus hábitos porque ha estado moviéndose entre la culpa, el miedo y la fascinación.

Cambiando el paradigma de la visión de la mujer como progenitora, hay intentos reveladores como el de Melinda Gates:

La Fundación Bill & Melinda Gates lidera un ambicioso proyecto para reducir la pobreza en el tercer mundo mediante el control de la natalidad.

Si una familia pobre tiene siete hijos, difícilmente va a poder atenderlos a todos. Para ello se necesita crear anticonceptivos que sean eficaces, baratos, y estén aprobados por los hombres: un tema delicado en ciertos países de África y Asia, en donde por cultura o religión, los preservativos no son aceptados. El chip anticonceptivo puede ser la solución.

La empresa microCHIPS fabrica chips medicinales que liberan distintos tipos de medicamentos. La Fundación Bill & Melinda Gates los está adaptando para convertirlos en chips anticonceptivos.

Más info:

- Family Planning. Bill & Melinda Gates Foundation: *http://www.gatesfoundation.org/What-We-Do/Global-Development/Family-Planning*

Cuando se compagina la dualidad de los 2 mundos –profesional y familiar–, surgen las jornadas maratonianas, muchas interrupciones y frustraciones para las mujeres.

El dinero no lleva a la total autonomía. Es difícil poder llegar a todo y hacerlo bien.

El estereotipo de la mujer y madre perfecta, de acuerdo con algunas sociedades patriarcales imperantes en numerosos países, refuerza aún más la división entre mujeres buenas y mujeres malas.

Para el liderazgo masculino, todas somos emocionales. La razón se asocia a lo masculino en estas sociedades, y las mujeres estamos vinculadas a la emoción. Nuestras decisiones no se basan solo en razones. Esto, llevado al extremo, representa el enfrentamiento frente a lo establecido. La mujer resistente, emocional y transgresora, a los ojos del liderazgo masculino resulta siempre peligrosa.

Una de las conclusiones más generalizadas sobre la falta de mujeres en puestos de alto nivel se basa en la carencia de confianza en nosotras mismas.

Pero Susan Colantuono pone en duda esta afirmación con su proyecto Leading Women, donde explica que la ausencia de mujeres líderes en los consejos directivos se debe –según sus investigaciones– a la falta de adiestramiento de las mismas en la misión y visión de la compañía; en la gestión estratégica y financiera de la misma; en todo lo que tiene que ver con la racionalidad asociada a lo masculino. Puedes ver su argumentación en este vídeo de TED Talks:

The career advice you probably didn't get

https://www.ted.com/talks/susan_colantuono_the_career_advice_you_probably_didn_t_get?language=es

Cuando defiendes a las mujeres te tratan de feminista. Y esta concepción es un estigma en ambientes conservadores y una innovación en ambientes progresistas.

Es una pena que las culturas hayan evolucionado tan poco, en general, desde finales del SXVIII, época en la que irrumpe el feminismo en occidente de acuerdo a lo que afirma Simone de Beauvoir en su libro "El segundo sexo".

Más info:

- *https://es.wikipedia.org/wiki/El_segundo_sexo*

- *https://es.wikipedia.org/wiki/Feminismo*

La violencia hacia las mujeres existe aún en numerosos países. Hay mujeres que no tienen derechos humanos.

En una escala más suave, no tienen derecho a estar en todos los espacios con mayor capacidad de decisión y actuación. Hay formas de vida que excluyen a las mujeres en muchos países.

Por eso es tan importante un cambio de costumbres y hábitos. Instalar nuevas formas de vida y de estar en el mundo. Trabajar la conciencia de género desde edades tempranas.

Por ello, las mujeres que nacimos con el privilegio de estar en un lugar en el que tenemos voz y voto, tenemos también la obligación y el compromiso de liderar para ayudar a otras; a aquellas que están sometidas, denigradas y son anuladas o asesinadas por revelarse ante un patriarcado dominante.

Si no se comprende qué nos pasa a las mujeres, qué les pasa a los hombres y porqué el sistema es discriminatorio contra las mujeres, no habrá transformación posible. Necesitamos conocer y trabajar nuestra misión, para lograr alcanzar una visión que nos ponga en el futuro, en el lugar que nos merecemos; conocer lo que es justo, lo que nos empodera, y desmontar los estereotipos de hombres y mujeres.

Por último, consolidar el liderazgo femenino junto con los varones que quieran acompañarnos, para transformarlo en un liderazgo sin sexismo.

Muchas mujeres tienen, todavía hoy, una cultura misógina inculcada. Hay que trabajar el "empoderamiento" de las mujeres. Hay que tener perspectiva de género.

Liderar nuestra propia deconstrucción y construir de nuevo. Necesitamos desaprender para volver a aprender. Reeducarnos. Hacer crecer la red humana para que sea cada día más fuerte. Cada una tiene que crear su propia experiencia y recoger a la vez lo que se va sembrando, para mejorarlo.

Nosotras tenemos la obligación de eliminar los estereotipos de género.

Los hombres, en general, no van a liderar el cambio en las mujeres, aunque algunos sí van a apoyarlo.

Existen, por otro lado, mujeres jóvenes que no son conscientes de estar alimentando o permitiendo, como víctimas, nuevos estereotipos a través de las redes sociales. Es como dice el refrán; *"El mismo perro con distinto collar"*:

- ***CIBERBULLYING o CIBERACOSO:*** agresión psicológica, sostenida y repetida en el tiempo, perpetrada por los sujetos de acuerdo al art. 1.1 de la LO 1/ 2004, contra su pareja o ex pareja, utilizando para ello las nuevas tecnologías a través de plataformas o sistemas virtuales como el correo electrónico, sistemas de mensajería, whatsapps, redes sociales, blogs o foros...

- ***SEXTING:*** envío de mensajes de texto vía SMS, MMS o Whatsapp, de imágenes tomadas por el agresor o grabados por la protagonista de los mismos, de carácter sexual, desde dispositivos móviles, con el fin de dañar el honor e imagen de la mujer y que pueden ser incluso utilizadas para promover el chantaje a la víctima denominándose entonces sextorsión, con el fin de ejercer control y dominio bajo amenaza.

- ***STALKING o ACECHO:*** forma de acoso a través de las TIC's que consiste en la persecución continuada e intrusiva a un sujeto con el que se pretende restablecer un contacto personal contra su voluntad.

- ***GROOMING (acicalamiento):*** conjunto de acciones deliberadas con carácter de engaño intencional por parte de un adulto de cara a establecer lazos de amistad/relación y confianza con un niño o niña en Internet, con el objetivo de obtener una satisfacción sexual particularmente, mediante imágenes eróticas o pornográficas del menor.

Fuente: *www.abogacia.es*

La violencia cibernética

http://www.abogacia.es/2014/11/26/la-denominada-violencia-cibernetica-internet-y-las-redes-sociales/

Entender Las Conexiones

SOBRE CÓMO CREAR MODELOS INCLUSIVOS, CENTRADOS EN LAS PERSONAS Y EN SU POTENCIAL PARA AYUDAR A OTRAS.

MODELOS GANAR-GANAR (WIN-WIN).

EMPLEABILIDAD CONJUNTA Y CONSUMO COLABORATIVO.

La Sociedad Del Conocimiento Y La Innovación

Cuando me inicié en el uso profesional de LinkedIn, como herramienta para el logro de los objetivos de negocio, me costó centrarme.

He tenido que cambiar mi estrategia y reinventarme varias veces desde que comencé seriamente con ello, a principios de 2013.

Pasé un año dedicada fulltime a proyectos sociales por los que no cobraba y que combinaba con clases de marketing en un máster y algunos clientes locales.

A través del uso y la publicación de contenido propio en diferentes pantallas como Pulse, comencé a vender y entrenar a otros profesionales en el uso y la creación de una estrategia para lograr sus objetivos de negocio, a través de LinkedIn.

No voy a explicarte aquí cómo hacer un perfil en esta red profesional, ni cómo crear un grupo profesional, una página de empresa o trabajar un artículo en Pulse.

Lo que sí puedo decirte, es que la clave está en tu especialización y que esta debe ir plasmada y nombrada o etiquetada en todo lo compartas, publiques y muestres (en tu perfil, grupos, Pulse, página de empresa, Lynda…).

Así que especialízate, sé consistente en la comunicación de tu especialidad y establece conexiones y relaciones.

Mucha gente me pregunta cuánto tiempo hay que estar en LinkedIn.

Yo estoy siempre, porque lo utilizo como herramienta de posicionamiento y venta. Pero eso no significa que actúe siempre. Por tanto, no es necesario que seas superactiva en redes; pero sí que lo que digas, compartas y hagas, tenga la calidad suficiente como para que te distingas y para que la red trabaje por ti.

En LinkedIn, puedes crear tu comunidad a través de un grupo, en torno al concepto de liderazgo que defiendas. Ya en él, puedes encontrar tus clientes, además de free users.

Primero las personas y después la estructura.

E-Knowmads: La Tabla De Salvación Para La Mujer Profesional

John Moravec, fue el creador del término Knowmad y es el fundador de KNOWMAD SOCIETY.

http://www.knowmadsociety.com/

A través del vídeo de su ponencia en TEDx Talks –Rise of Knowmads   *http://tedxtalks.ted.com/video/Rise-of-Knowmads-John-*

Moravec-a;TEDxUMN – puedes ver la explicación de John sobre la evolución del mundo del trabajo desde el 1.0 hasta el 3.0 y el 4.0, que es el entorno en el que nos encontramos actualmente.

La evolución es tal, que el mercado actual demanda tópicos y especializaciones del tipo hard skills (las necesarias para adquirir una o varias destrezas en un área concreta), pero también soft skills tales como:

- Fundamental relationships: complex, creative (teleological).

- Conceptualization of order: intentional (self-organizing).

- Relationship of parts: Synergetic.

- Worldview: design.

- Casuality: anticausal.

- Change process: Creative destruction.

- Reality: Contextual.

- Place: Globalized.

Puedes conocer más en el libro The Knowmad Society de John

Moravec y otros autores que le acompañan.

…

La pionera en la introducción de este término en España es Raquel Roca, a través de su libro "Knowmads, los profesionales del futuro", donde nos desvela las claves del tsunami laboral que viene.

Puedes leer un pequeño resumen aquí:

http://www.raquelroca.com/libros-1/knowmads/

Raquel afirma que quienes mejor se adaptarán a este entorno laboral cambiante serán aquellos que adopten una mentalidad Knowmad: know (conocer) y nomad (nómada).

La revolución Knowmad, se asienta sobre tres pilares: conocimiento, innovación y flexibilidad.

Como dice Raquel: *hablaríamos de un knowmad, como un profesional autoempleado o emprendedor más sofisticado que el actual, que reúne todas las condiciones para trabajar con las exigencias que pide el mercado cambiante.*

A mi modo de ver, este perfil –para destacar– necesita tener una marca profesional consistente y online que le proporcione visibilidad. Además, es necesario estar especializada en diferentes áreas a un nivel profesional y aportar a la comunidad o empresa no solo conocimientos de alto valor, sino también innovación y empatía.

El escenario en el que un knowmad aparece y genera ingresos, es el del mercado global; es decir, digital. Su mayor aportación es que sabe de lo que habla, porque lee a diario y se informa sobre el tema en el cual está especializad@.

Los rasgos del knowmad, según Raquel son:

1. Educación amplia.

2. Curiosidad ilimitada.

3. Extroversión.

4. Entusiasmo y visión.

5. Confianza en la gente y en el trabajo en equipo.

6. Voluntad de arriesgarse.

7. Dedicación al crecimiento a largo plazo más que a corto plazo.

8. Dedicación a la excelencia.

9. Preparación continua.

10. Amabilidad y confianza.

Lo bueno y relevante de las características que describe es que se pueden aplicar a cualquier área de conocimiento o especialidad. También que todas ellas son activos para cualquier compañía.

En mi opinión, la revolución Knowmad es la tabla de salvación para la mujer profesional con hijos, que quiere tener éxito y compaginar el trabajo y la familia.

También es cierto que el mayor valor está en clave de innovación. Lo que quiere decir que el conocimiento tampoco es suficiente; que debemos ir más allá y utilizarlo como herramienta para la reinvención: hacia una nueva versión e-Knowmad o inn-Knowmad.

Debemos aplicar esto al resurgimiento de nosotras mismas y de nuestros propios trabajos.

...

Tengo una amiga que es ingeniera agrónoma y elabora productos alimentarios premium. Ha ganado multitud de premios internacionales y está constantemente al día en nuevos procesos de elaboración. En mi opinión, ella es una knowmad y no lo sabe porque tiene una visión unidireccional de su futuro. Y esta es la siguiente: "si me echan de mi trabajo tendré que buscar otro lugar en el que me permitan elaborar. Esto implicará trasladar a toda mi familia a otro lugar".

Este pensamiento es muy común, sobre todo cuando vives y trabajas en una ciudad pequeña, con pocas oportunidades de generar nuevos puestos de trabajo. Mi amiga no se da cuenta de que su verdadero valor está en el conocimiento que tiene sobre su especialidad, en la innovación que demuestra en sus propias producciones y en que, además, la avalan –en cuanto a la calidad– los mejores premios internacionales.

La realidad, en mi opinión, es que con lo que sabe, con lo que crea y con los resultados que obtiene, podría ayudar en la mejora de la producción de cualquier producto alimentario premium del mundo. Y esa ayuda podría transformarla en servicios y productos tangibles que generarían para ella nuevos ingresos. ¡Sería la líder de "Gourmetlandia"!

Casos de éxito, los vivo a menudo con mis clientes.

Profesionales de sectores concretos, donde las cosas se han venido haciendo hasta ahora en el modo tradicional, y que un día han decidido "salir del acuario" y enfocar su profesión desde un punto de vista más moderno y deslocalizado.

La visión de estas personas para encarar su modelo de negocio actual y darle la vuelta, transformándolo y digitalizándolo; o para buscar un plan B que complemente el trabajo que hacen por cuenta ajena es la envidia de muchos colegas de su sector, que no han sabido reinventarse.

Un ejemplo muy gráfico para entender este concepto es el que refleja la película "Buscando a Nemo", en la escena en la que el protagonista sale del acuario.

Mira: Youtube

Nemo Agua sucia

https://www.youtube.com/watch?v=pqwcsSj7Fjw

Está claro que hay que salir de la burbuja y saber ponerse a prueba; sentirse a menudo sin red de protección.

Pero más importante aún es saber para qué se sale.

Siempre hay que tener un plan y un objetivo, ya que sin él, lo más probable es que tengamos que dar la vuelta rápido porque nos ataca "un tiburón".

Y aún con un plan trazado, surgirán miles de situaciones imprevistas que tendremos que afrontar.

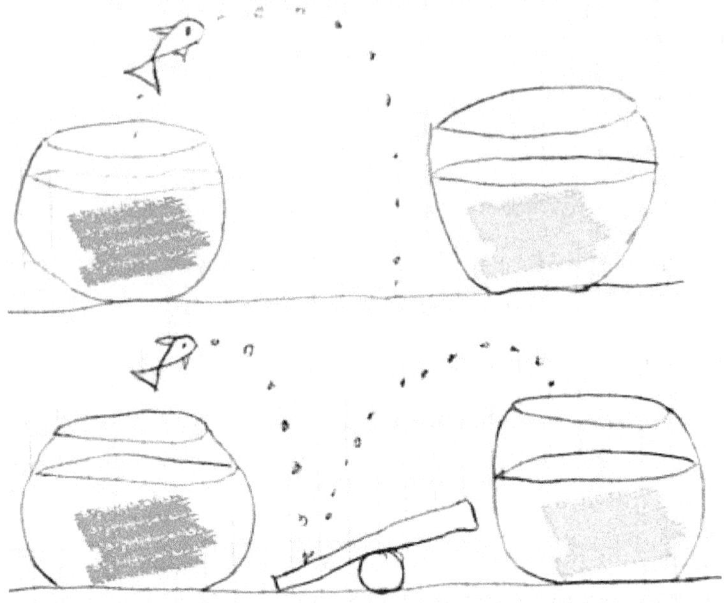

EMPRENDEDORA DE TI MISMA

Si quieres conocer lo que es la lucha de un empresario y de un emprendedor, contada de una forma directa y personal, te recomiendo el libro *"Emprendedor cumple tus sueños"*, de Gabriel Masfurroll.

No todo el mundo puede ser un knowmad, y menos aún un e-knowmad; pero cada día hay más mujeres que eligen lanzarse a la creación o renovación de su proyecto, a través de todo el amplio prisma que ofrecen Internet y las redes sociales actuales.

Por eso pienso que es mejor que sigas un proceso:

1. Que descubras primero en qué eres buena y te lances sobre ello, para ser mejor y saber más que nadie en tu campo.

2. Afronta el "cómo": cómo lo vas a comunicar, cómo vas a llegar a tu audiencia, cómo vas a conseguir que te elijan y te compren a ti –porque esa es la verdadera clave de la transformación–.

3. Crea tu "tribu": la comunidad con la cual compartir tu conocimiento y tu visión.

4. Por último, una vez que sepas cuál es tu misión, quién es tu gente y porqué te elige; crea tu estructura.

¿Cómo será el profesional del futuro?

En este artículo de Expansión se describe que la nueva realidad laboral llega muy rápido y es muy distinta de la que conocemos: Así se pagará al profesional del futuro. (pega el titular en el buscador de Expansión)

http://www.expansion.com/emprendedores-empleo/desarrollo-carrera/2016/02/09/56ba3879268e3e357d8b45ce.html

Se habla –entre otras cosas– de que los trabajadores por proyecto, freelance, knowmads y hasta los robots convivirán con los empleados en plantilla.

Hace poco leí que Telepizza sustituirá repartidores por máquinas.

Tammy J. Ericksson, profesora en la London Business School, se encuentra dentro de los 50 pensadores vivos más influyentes –según Thinkers50– y asegura que:

"...las empresas ya no estarán compuestas por empleados a tiempo completo en su mayoría, sino que serán una comunidad flexible de profesionales con distintos acuerdos".

Esta visión abre un futuro apasionante para las mujeres profesionales que tienen hijos a cargo. La razón es muy sencilla, pues la digitalización permite trabajar desde cualquier lugar, y con Internet puedes acceder ya a cualquier información y formación.

Algunas pautas para poder hacerte con el conocimiento que deseas y compartirlo, a través de Internet son:

Herramientas como Google Alerts, que te permiten registrar búsquedas de cualquier término que desees en multitud de idiomas. Estas alertas llegan a tu email y puedes ajustar la frecuencia en la que deseas recibir las mismas. También puedes usar Mention o Social Mention, con el mismo fin.

A través de Twitter, puedes elaborar listas públicas sobre temáticas de tu interés y especialización, para investigar y ver lo que se está publicando sobre un tema.

Hay miles de cursos gratuitos o a un coste muy bajo que puedes hacer online. Entre otros portales: Udemy, Novoed, Coursera y actualmente Lynda, comprada por LinkedIn, te permiten acceder a un portfolio amplísimo de cursos sobre tu especialidad.

Si quieres crear tus propios vídeos sobre tu área de especialización, puedes hacerlo directamente con la cámara de tu portátil o utilizar una videocámara con un fondo neutro detrás. Aplicaciones como Camtasia te permiten editarlo y en Internet tienes también múltiples apps de conversión a Youtube.

Si quieres elaborar tus propios audios educacionales, puedes grabarte y subirlos en portales como ivoox.com.

Lo que deberías que tener claro es porqué tendrías que hacer todo esto.

Quiero apuntarme al mundo digital

"The small is the new big"

Seth Godin

El cambio de mentalidad clave que me gustaría ver en ti es pasar de SER ELEGIDA a ELEGIRTE.

Cuando hayas tomado esta decisión y empieces a verte en el segundo territorio, habrá llegado el momento de empezar a trabajar en ti misma.

Cuando estés trabajando en ti, creando hábitos para mejorar tus competencias, especializándote, leyendo continuamente sobre tu tema, entonces llegará el momento de mostrar y demostrar tu valor. Es decir, comunicar lo que sabes o lo que ofreces. ¿A quién? A un grupo de personas: tu tribu, ya que así puedes identificar sus necesidades y carencias.

En este sentido, si te centras en tu comunidad más cercana puede ocurrirte lo siguiente:

1. Que las personas no entiendan de qué estás hablando.

2. Que no tengan necesidad de que las ayudes.

3. Que no estés frente o junto a las personas adecuadas.

4. Que tu proyecto, negocio, o los servicios que puedes ofrecer, no tengan suficiente proyección en el mercado local.

También puede ocurrir que tu proyecto o negocio funcione para un mercado local, pero que te estés estancando y que estés en el momento en que es necesario escalarlo o conseguir socios, empleados o colaboradores de otros lugares, y que no sepas cómo hacerlo.

Te describo aquí solo algunas de las muchas conversaciones que he tenido con mujeres, en las que me cuentan los altibajos de sus experiencias profesionales:

Caso 1

He sido gerente durante muchos años. Mi negocio se arruinó con la crisis. Ahora tengo tres hijos. Estoy en paro. Sigo formándome y especializándome en mi sector. Estoy haciendo un máster. Pero no sé cómo voy a encontrar trabajo después o cómo puedo montar algo que tenga valor, relacionado con mi especialidad.

Caso 2

Dejé de trabajar cuando tuve hijos. Ahora ya son algo mayores y quiero encontrar trabajo, pero las ofertas que me ofrecen no son compatibles con sus horarios. Yo no puedo llegar a casa a las ocho de la tarde. Mis hijos tienen deberes y tengo que atenderles… darles la cena, acostarles.

Caso 3

Me echaron del trabajo cuando mi hija cumplió dos años. Después intenté buscar otro, pero para el horario y sueldo que me ofrecían, preferí quedarme en casa. Llevo ya cinco años sin trabajar y no tengo esperanzas de que me contraten en ningún sitio. Ahora hago algo de deporte para que no se me "eche la casa encima" y algo de voluntariado.

Caso 4

Sigo trabajando, tengo dos hijos. A veces casi hasta duplico la jornada para que los jefes no vean que antepongo mi vida familiar a la empresa. Cuando veo que llega la hora en la que mis hijos salen del colegio y yo no puedo ir porque está el jefe, llamo a la mamá del amigo de mi hijo para que los recoja y para que me esperen allí hasta que llegue. Cuando el jefe se va, me marcho rápido. Así estoy todo el día. Voy corriendo a todos los sitios.

Caso 5

Después de tener a mi hijo, pedí la reducción de jornada. Desde ese momento sé que no tengo posibilidad de ningún tipo de ascenso en mi empresa. Ascienden los hombres y mujeres sin hijos, que tienen total disponibilidad en la compañía. El caso de los hombres es muy claro, porque el papel de ocuparse de los hijos lo asumen en la mayoría de las ocasiones sus mujeres.

Caso 6

Estoy intentando lanzar mi negocio, pero el hecho de tener que ocuparme del trabajo, la casa y los hijos, hace que no logre mis objetivos en el plazo que tengo establecido, porque tengo que estar pendiente de mil cosas. Y claro, eso también se nota en los ingresos.

Caso 7, caso 8... Suma y sigue

Ahora dime: ¿en cuál de estas situaciones te encuentras tú? ¿Qué piensas hacer para darle un giro a tu vida? ¿De qué te puedes arrepentir en un futuro, si no lo haces ahora?

Escucha esto:

Son nuestras decisiones las que muestran lo que podemos llegar a ser. Mucho más que nuestras propias habilidades.

Joanne Kathleen Rowling

Y esto otro:

En esta realidad actual, líquida, global y cambiante,
las mujeres pueden y deben recoger el legado de otras,
recuperar la identidad robada o crear la que nunca existió.
Tenemos que mudar la piel, renovarnos en cada reto.

Ana Fragua

Las mujeres, hoy, necesitan estar digitalizadas; usar internet y las redes como herramientas útiles para obtener el acceso a la información y a las personas con las que generar un ecosistema que les aporte valor, y a la inversa, en el que ellas creen ese valor.

La marca personal hoy es una url: el currículum está muerto.

Y es posible ampliar tu comunidad profesional más cercana, gracias a redes sociales destinadas a tal uso.

Por eso te animo a que utilices LinkedIn y Twitter como herramientas para el logro de tus objetivos profesionales y personales.

LinkedIn es una web semántica. Poniendo un símil analógico, imagina una cadena de televisión, con una estructura y parrilla de contenidos sobre un tema (deportes, naturaleza, mujer...). En nuestro caso "Women Leadership":

https://www.linkedin.com/topic/women-leadership

Si pulsas el enlace anterior, dentro de la parrilla hipotética, encontrarás lo que serían las secciones de la cadena:

- Perfiles: Pantalla perfil
- Artículos: Pantalla Pulse
- Trabajos: pantalla Jobs
- Grupos: Pantalla grupos

- Empresas: Pantalla empresas

- Presentaciones: Pantalla Slideshare

…

Cada una de las secciones, corresponde a una pantalla de LinkedIn, en la que puedes mostrar tu especialización.

Si tienes presencia en todas ellas, tu liderazgo será mayor, más consistente; y la red trabajará por ti.

Esto es lo mismo que decir que LinkedIn te hace tu propio SEO (o posicionamiento orgánico).

En cuanto a la comunidad que puedes crear en LinkedIn a través de un grupo, por ejemplo, esta puede ser la base para trabajar una estructura a partir de las personas. Un modelo inclusivo.

¿Qué es un modelo de negocio inclusivo?

Los negocios inclusivos son actividades económicas que permiten lograr la participación de las personas en la base de la pirámide, u otras, apartadas en cadenas de generación de valor, de manera tal que estos logren capturar valor para sí mismos y mejorar sus condiciones de vida.

Un negocio inclusivo incorpora a los sectores de bajos ingresos o sin ingresos, ya sea como socios, consumidores, proveedores o distribuidores. Debe intentar transformar el statu quo, tener una motivación de negocios, conectar lo local y lo global, ser innovador y paciente, aprovechar los recursos locales y tener protagonistas no habituales.

Los negocios inclusivos no son filantropía empresarial ni responsabilidad social empresarial. Se trata más bien de buscar modelos empresariales sustentables que permitan "prosperar ayudando a los demás", donde el negocio central genera impacto económico, social y ambiental positivo. El concepto de negocios inclusivos –o negocios en la base de la pirámide– se ha popularizado en los últimos años para explicar actividades empresariales dirigidas a poblaciones pobres o sectores apartados del standard laboral.

De esta manera, al acelerar el crecimiento económico de las empresas y crear innovaciones que beneficien a las personas de bajos ingresos a las cuales van dirigidos, estos proyectos se enfocan en los países del tercer mundo, ya que es donde más se necesitan. Pero también pueden enfocarse en países del primer mundo, donde existen sectores más castigados por la crisis económica; como es el caso de las mujeres profesionales con hijos, apartadas del mundo laboral por no ofrecer una dedicación plena a la empresa.

En muchos otros países las mujeres en general, son un colectivo vulnerable y sin identidad propia.

La visión de las estructuras inclusivas, implica una serie de actitudes, competencias y habilidades que permiten a las personas convertir sus sueños en realidad, para luego verlos dar frutos. Se trata de algo más que solo formar un negocio personal: los negocios inclusivos pueden ser aplicados para autoemplearse, comenzar, o hacer crecer microempresas o pequeñas empresas.

Puedes ver más en:

https://es.wikipedia.org/wiki/Negocio_inclusivo

Para poder generar negocios inclusivos es necesario crear una comunidad de personas que tenga la necesidad de una nueva oportunidad o visión profesional. LinkedIn es la plataforma perfecta para ello; para personas que salgan del "acuario" y tengan el deseo de unirse a una red global. El ideal para personas que hagan un ejercicio de introspección, en el que detecten sus puntos fuertes y débiles. Que tengan la humildad suficiente como para dejarse asesorar por aquell@s que ya están recorriendo el camino. Que apuesten por un mix de negocio que combine el face to face con la interacción digital. O por esta última, únicamente.

No hace falta ir a la base de la pirámide para encontrar colectivos que están apartados de todo lo que genera riqueza y valor para la sociedad.

El último informe de Adecco sobre la mujer profesional en España, revela situaciones extremas. Búscalo en Google así:

X Perfil Adecco sobre la Mujer en el Mercado de Trabajo en España.

http://www.adecco.es/_data/NotasPrensa/pdf/749.pdf

Win-win. Empleabilidad conjunta: la "mafia de Paypal"

Nuevos proyectos están por iniciarse, orientados a desarrollar modelos de liderazgo desde el enfoque de lo femenino. Proyectos basado en propuestas que hay que poner en marcha, orientados a las soluciones, con principios (manifiesto), con una misión y visión claras. Proyectos basados en la empleabilidad conjunta y en los que tod@s ganen.

En el libro de Reid Hoffman, "El mejor negocio eres tú" que te recomiendo, el autor habla entre otros asuntos de cómo un grupo de profesionales que lanzaron la empresa Paypal, iniciaron después sus startups, empleándose entre ell@s, ayudándose, e invirtiendo los unos en los otros.

A este fenómeno de enriquecimiento basado en la empleabilidad conjunta, en el que todos ganaban, se le denominó "la mafia de Paypal".

Como se describe claramente en este artículo de Expansión:

La 'PayPal Mafia', engloba a los artífices y primeros trabajadores de esta plataforma de pagos fundada por Peter Thiel, Elon Musk y Reid Hoffman que, tras convertirse en millonarios gracias a la venta de su compañía a Ebay (pagó 595 millones de euros en efectivo), han liderado algunos de los fondos y empresas más reconocidas de Silicon Valley como Tesla y SpaceX (Musk), LinkedIn (Hoffman), o Palantir (Thiel). Sin olvidar Youtube, creado por Steve Chen, Chad Hurley y Jawed Karim, todos ex empleados de esta firma 'alma máter'.

A estas familias de innovadores que invierten y crean nuevas compañías no solo les une el conocimiento y la red de contactos que han tejido en sus épocas en firmas de éxito (amén de las suculentas sumas de dinero que han logrado), también un cierto sentimiento de pertenencia. De ahí su calificativo en Estados Unidos que para nada se utiliza de modo despectivo. Es más, su forma de actuar podría reconocerse en muchos equipos formados por amigos que se han conocido en la universidad o en alguna escuela de negocios.

"Tampoco hay que confundir la terminología 'mafia' y pensar que hay que pertenecer a uno de estos grupos para tener éxito en Silicon Valley. Este ecosistema es abierto y meritocrático, por lo que son muchos los casos de fundadores que llegan a San Francisco desde otra ciudad de Estados Unidos, o incluso desde otro país, y se instalan y triunfan en Silicon Valley", puntualiza Ignacio Vilela, managing partner de Startcaps Ventures.

(…)

Todas estas redes de inversores y emprendedores que se van gestando al calor de empresas de éxito requieren de un ecosistema maduro en el que la endogamia empresarial no se entienda como el juego de unos pocos.

(…)

Todas estas redes necesitan dinamismo para crecer. Se nutren de creatividad, de ideas que surgen de grupos en los que, además de mucha innovación y ganas de hacer cosas distintas, hay complicidad.

Saber más:

- Paypal Mafia:
  https://en.wikipedia.org/wiki/PayPal_Mafia

- Qué aprender de las 'familias' de Silicon Valley.
  http://www.expansion.com/emprendedores-empleo/emprendedores/2015/10/12/561bdd63e2704e0a738b463c.html

  (Búscalo así en Expansión)

...

¿Es posible entonces crear ecosistemas abiertos de mujeres y hombres que apuesten por el liderazgo femenino, que se empoderen y empleen entre ell@s? Yo creo que sí.

Consumo colaborativo

Albert Cañigueral es el máximo impulsor y difusor del consumo colaborativo en España:

http://www.consumocolaborativo.com/

El fenómeno del consumo colaborativo, está muy instaurado en la actualidad. Las personas, hoy, se están conectando entre ellas para consumir, educarse, viajar, financiarse, etc., de manera conjunta y directa. El consumo colaborativo es el ejemplo más contundente del valor que tiene Internet para las personas. Se basa en dar prioridad al acceso a los bienes y servicios, sobre la propiedad.

Se define como una interacción entre dos o más personas a través de medios digitalizados o no, para satisfacer una necesidad real o potencial.

En las plataformas digitales, los usuarios pueden interactuar entre ellos, seleccionan el rol que desean en cada momento, o varios roles simultáneamente (vendedor y comprador, por ejemplo).

Este es un sistema abierto y dinámico. Normalmente existe un protocolo de evaluación entre usuarios, basado en la reputación que otros le otorgan, y eso establece la confianza de los demás para seguir llevando a cabo la actividad que deseen.

El concepto comenzó a popularizarse en 2010 con la publicación del libro What's Mine Is Yours: The Rise of Collaborative Consumption. Rachel Botsman, coautora del libro, ofreció una charla sobre consumo colaborativo en la conferencia de TEDxSydney, en mayo de 2010, en la que habló del acceso a bienes y servicios como relevante y prioritario, sin ser necesaria la propiedad de los mismos.

https://www.ted.com/talks/rachel_botsman_the_case_for_collaborati ve_consumption

En España, el fenómeno del consumo colaborativo empezó a darse a conocer entre 2012 y 2013, especialmente en el sector turístico, aunque ha seguido extendiéndose en otros muchos sectores, revolucionando el transporte de viajeros y muy recientemente el mercado inmobiliario.

Gracias al consumo colaborativo mucha gente puede acceder a bienes y servicios que no puede tener y se conforma con probarlos.

Bajo mi punto de vista, la filosofía que está detrás de todo esto es la que hace foco en el "ser", en detrimento del "tener". Para algunos es la respuesta a la falta de equidad y la ineficiencia de los modelos de consumo imperantes, tanto el consumo de masas como el industrial.

Es un movimiento y supone un cambio cultural y económico en los hábitos, marcado por el paso de un consumismo individualizado hacia nuevos modelos potenciados por los medios sociales como LinkedIn y las plataformas de tipo peer-to-peer (red entre-pares o red entre-iguales), en los que las personas necesitan interactuar entre sí y se aportan valor en modo tangible o intangible.

En este tipo de servicios, los perfiles de usuarios incluyen valoraciones, recomendaciones y referencias añadidas por otros usuarios, lo que da origen a nuevas maneras de relacionarse, intercambiar, generar valor para otros y monetizar habilidades y/o bienes económicos.

De una forma muy natural, las mujeres con hijos creamos ecosistemas de consumo colaborativo para ayudarnos unas a otras, aportando valor en modo de ahorro de tiempo y dinero.

Por ejemplo, en el plano familiar-personal, cuando nos ponemos de acuerdo para la celebración conjunta de los cumpleaños de nuestros hijos, cuando nos ayudamos entre nosotras para llevar a los niños al colegio o a las actividades extra-escolares, cuando cedemos los libros u otro material (sillas de paseo o de coche, ropa de bebé…), que nuestros hijos ya no utilizan y recibimos otros que sí van a usar.

Las mujeres somos capaces de ayudarnos entre nosotras en aspectos de la vida cotidiana, en los cuales "carecemos de manos" para hacerlo todo al mismo tiempo, o en los cuales debemos llevar una gestión financiera adecuada y eliminar gastos evitables. Tanto en momentos de crisis como de abundancia.

Modelos como Airbnb, Uber, Wallapop o Kangapp son ejemplos de consumo colaborativo, que a mi modo de ver lo son también de eficiencia. Tienen, como resultado directo, el ahorro de tiempo y dinero; y como resultado indirecto, por ejemplo, el modo de ahorro energético y de eliminación de la huella de carbono, como es el caso de modelos aplicados al transporte.

Liderar En Femenino

Iniciativas buenas y malas

Hoy 8 de marzo de 2016, es el Día Internacional de la Mujer Trabajadora y –mientras escribo estas líneas– estoy escuchando en los medios que, dentro de 40 años, según los expertos la paridad entre hombres y mujeres será una realidad.

Esto me ha animado a escribir una carta a mis hijos Alma y Abdón, con la idea de que descubran su contenido dentro de 40 años. Ellos tendrán 44 y 47 años cuando la abran.

8 de marzo de 2056:

Hace 40 años, justo hoy, se celebraba el Día Internacional de la Mujer Trabajadora. Una persona de mi red en LinkedIn (una red profesional donde todos compartíamos conocimiento y hacíamos negocios), escribía este comentario ese día:

"Hoy es el día de la mujer trabajadora; reflexiona sobre estos números:

1. En el mundo 1/5 de las mujeres no son libres para casarse con el hombre que quieren.

2. 140 millones de mujeres han sido sometidas a una ablación.

3. En muchos países no pueden conducir, estudiar, etcétera.

4. En países avanzados muchas mueren a manos del marido.

5. En un porcentaje muy alto de parejas el hombre trata mal a su mujer y en la mayoría de los hogares el hombre no hace casi ninguna tarea doméstica.

Ya sé que los hombres no podemos cambiar el mundo, pero al menos sí la vida de las mujeres que nos rodean.".

Fijaos cómo eran los roles y la condición humana en 2016. Muchos de los hombres que tenían éxito en la vida, y podían cumplir sus sueños profesionales, personales y familiares, no lo hubieran logrado nunca sin el apoyo de sus compañeras, que sacrificaron su vida profesional por ellos.

Así era la realidad... salvo casos excepcionales de mujeres empresarias, o aquellas que gobernaban en esa época, como Ángela Merkel, o de otras, que tenían notoriedad y aprovechaban el liderazgo de sus maridos para mostrar su papel y transformar la sociedad, como el de Melinda Gates o Michelle Obama… El resto del liderazgo mundial seguía siendo masculino.

Aunque sí se mostraban ciertas excepciones, evoluciones y muchas contradicciones.

También muchos hombres revindicaban su propia renovación y huían de los estereotipos que siempre se les habían impuesto.

Hoy, 8 de marzo de 2056, espero que se recuerde y venere a todas aquellas mujeres, algunas anónimas y otras más famosas, que lograron superar las barreras de la culpa, la admiración por el mundo masculino y el miedo, que han sido nuestro estigma durante siglos y años.

Disfrutad enormemente del momento que os ha tocado vivir, gracias a este legado, y seguid construyendo un mundo de equidad y justicia para todos.

Fdo.: Vuestra madre, que os llevará siempre en su corazón.

…

Iniciativas como la que explicó Ana Cabrera Canal @traducompol en su artículo "Liderazgo para ellas", publicado en Pulse el 7/03/2016, son claves para la consolidación del liderazgo femenino.

En primer lugar, porque parten de la institución pública; en este caso, del gobierno francés.

En segundo lugar, porque son accesibles a todo el mundo. 2016, que es el año de las "apps", cuando el índice de penetración de los smartphones en España es el más elevado de Europa, sería el momento perfecto para instaurar este tipo de iniciativas en los países desarrollados.

"Liderazgo para ellas" es una aplicación que se estructura de un modo coherente con la realidad de la mujer profesional de hoy.

En palabras de Ana Cabrera: "Esta app, creada en la primavera de 2014, representa una hoja de ruta para que las mujeres vayan encontrando la líder que hay dentro de ellas. El objetivo es ayudarlas a progresar en su carrera profesional.".

Partiendo de un test de autoevaluación, la aplicación te propone 4 escenarios diferentes:

"Actuar como líder"

Este ítem se apoya en el expertise de la red PWN. Propone consejos e informaciones para ganar confianza en ti misma y para el autodescubrimiento. También ofrece asesoramiento, para hacer frente al sexismo existente en muchas empresas.

Para reforzar todo esto, recomiendo hacer una labor de introspección y cultivarte constantemente, leyendo libros sobre tu especialidad (un libro a la semana, según Brian Tracy) y toda la información de internet que sea relevante y de calidad sobre tu tema.

"Saber impulsar tu carrera"

Cómo desempeñarse de cara a negociar un ascenso, o posicionarse como líderes de su compañía, mediante asesoramiento y un método real de negociación de objetivos profesionales, con conocimientos de la APEC (simulador de salarios y un simulador de entrevistas de trabajo). Para reforzar el impulso en tu carrera, en mi opinión, debes sentirte apoyada. Aquí la figura del mentor es clave.

"Saber rodearse"

12 consejos para desarrollar tu propia red de contactos, con asesoramiento sobre cómo utilizar y construir redes, y consultas en directo a mentores.

En este momento, es imprescindible el manejo de las redes sociales profesionales y la comunicación eficaz de tu marca personal en el mundo digital.

"Emprender y crear"

Para ayudar a las mujeres en la creación de su propia empresa, se ofrecen testimonios, documentación y la información que facilita "EllesEntreprennent.fr".

La tensión creativa de la que nace el emprendimiento surge de enfrentarte a situaciones incómodas y superar los fracasos.

Surge haciendo pruebas de esfuerzo con frecuencia.

Las ideas en sí mismas no valen nada si no encajan en el público adecuado y si no dominas el arte del "cómo"; o lo que es lo mismo, si no sabes hacerlas tangibles y usables. Si no sabes diferenciar entre tu audiencia y tu cliente, teniendo en cuenta que ambos están mezclados.

Más info:

- *https://www.linkedin.com/pulse/liderazgo-para-ellas-ana-cabrera-canal*

- Vídeo: youtube: "La prueba de Katniss en los Juegos del Hambre": *https://www.youtube.com/watch?v=gGVwn6xmCeI*

Claves de liderazgo femenino hoy

Forbes, publica 10 claves del liderazgo femenino en 2016, las cuales extraigo aquí:

1. Las mujeres ocupan solo el 17% de los altos puestos en las 100 compañías más grandes de Estados Unidos. En Europa el porcentaje se reduce hasta el 11% y en Asia hasta el 4%.

2. En un análisis de más de 3.000 compañías, se descubrió que los consejos de administración más equilibrados resultaban en mayores rentabilidades, mejor percepción de la compañía y más altas cotizaciones.

3. Según las previsiones de la OCDE, basadas en las tendencias actuales, dos de cada tres graduados universitarios serán mujeres en 2020, en las economías avanzadas.

4. The Barclays Women in Leadership Total Return Index ha sido lanzado para seguir la pista e invertir en compañías lideradas por mujeres, o por mujeres y hombres a partes iguales.

5. El poder de consumo del género femenino es inmenso: según estadísticas de Michael J. Silverstein y Kate Sayre, las mujeres controlan al menos 20 billones de dólares en consumo cada año.

6. Un estudio de Barclays ha descubierto que la brecha salarial en función del género se daba la vuelta totalmente en cuanto a los emprendedores exitosos y los dueños de negocios, donde los hombres quedan a la saga de sus homólogas femeninas. Esto sugiere que las mujeres tienden a obtener mayor éxito en el ámbito financiero cuando la retribución depende exclusivamente de las leyes oferta-demanda del mercado, al contrario de lo que sucede en trabajos más tradicionales donde el salario debe ser negociado.

7. Un estudio de Illuminate Ventures revela que en las compañías tecnológicas creadas o lideradas por mujeres el capital se emplea de forma más eficiente de lo normal. El informe afirma que "Más que nunca las mujeres están cambiando la cara de los negocios, y están en la antesala de

convertirse en la primera fuerza empresarial en el ámbito de la tecnología".

8. Aunque pueda parecer increíble, las mujeres tienen mucho más poder en Europa oriental y el Sudeste Asiático del que poseen en muchos países occidentales. Rusia lidera el ranking con 43% de puestos directivos ocupados por mujeres, seguida por Indonesia, Filipinas, Tailandia y China. Por el contrario, en EEUU sólo el 22% de los altos puestos están ocupados por mujeres, mismo porcentaje que España. India con el 14% y Japón con el 9% están en lo más bajo del ranking de 45 países encuestados para el Grant Thornton's Business Report.

9. Sorprendentemente, en el África subsahariana las mujeres están abriendo negocios al mismo ritmo que los hombres, y en países como Ghana, Nigeria o Zambia, incluso los superan.

10. En Estados Unidos, en el 40% de los hogares con niños menores de 18 años es la mujer quien es la fuente principal de recursos para la familia. De ese porcentaje, el 37% son mujeres casadas que ganan más que sus parejas y el otro 63% son madres solteras.

http://forbes.es/actualizacion/5399/el-liderazgo-femenino-en-2016-en-10-claves/2

El reciente estudio de Accenture, publicado en Marzo de 2016, habla de cómo el mundo digital puede eliminar la brecha de género: Digital Fluency Model.

Yo no estoy totalmente de acuerdo con esta afirmación, aunque sí supone un gran avance para las mujeres que quieran elegirse ya que les permite flexibilizar sus tareas.

Lo que sí me parece relevante, es que lo digital evita el presentismo, sirve a la mujer para una mejor gestión de su tiempo y para una mejor compatibilización de las obligaciones profesionales con las familiares.

Saber más:

- Accenture. Research getting to equal:
  https://www.accenture.com/t20160303T014010__w__/usen/_ac nmedia/PDF-9/Accenture-IWD-2016-Research-Getting-To-Equal.pdf

- Busca en google: Forbes. El liderazgo femenino en 2016, en 10 claves

---

La nueva identidad

"No hay nada que aprender del éxito, todo se aprende del fracaso"

David Bowie

El gran problema del liderazgo femenino es la falta de identidad del mismo o, lo que es peor, la identidad robada a las mujeres desde el principio de los tiempos.

Ángeles Caso, autora de *Las olvidadas: una historia de mujeres creadoras,* está inmersa en un nuevo proyecto para el que solicita financiación en formato de *micromecenazgo* a través de la plataforma de *crowdfunding Verkami.*

Este libro, llamado *Ellas mismas. Autorretratos de pintoras,* de costosa edición por sus láminas a todo color, rescata la obra de pintoras que han quedado ocultas a lo largo de la historia. Mujeres que escaparon a la sumisión ante lo masculino, a las normas, y plasmaron su talento en sus propias obras. Mujeres que se revelaron y tuvieron que vivir entre dudas, temores y persecuciones.

En una entrevista de radio para presentar su proyecto, fue la primera vez que oí hablar a Ángeles de la identidad robada o la no identidad de las mujeres. Me pareció una reflexión brillante, en la que había que profundizar.

Recordé entonces, la historia de Estados Unidos. Su legado histórico y cultural. Recordé la fuerte identidad de su cultura más reciente. Cómo ha sabido dominar y transformar su imagen como país, con los años…

De la cultura pop a ser los reyes publicitarios a nivel mundial; los pioneros hoy a nivel de emprendimiento y uno de los grandes en lo tecnológico.

Pensé entonces que si la mujer, en lugar de recuperar la identidad robada, aprende a utilizar sus activos para crear una identidad nueva en este siglo, podrá tener la presencia que merece y nunca tuvo.

Pienso que puede estar ahí la clave, para que las mujeres lideren: en la creación de una nueva identidad que las eleve al lugar que merecen.

Por eso, si pudiese dar pinceladas sobre nuestra nueva cultura e identidad femenina, la pintaría de la siguiente forma:

- Una identidad basada en hacer de este mundo un lugar mejor.

- Basada en modelos de liderazgo inclusivo en los que tod@s ganen.

- Consideraría lo emocional como un activo; el anteponer lo racional a lo emocional supone una involución para el progreso de la sociedad, pues *"Detrás de cada decisión, siempre están las emociones"* (Antonio Damasio).

- La meritocracia sería indispensable.

- Lograr el equilibrio vida-trabajo, sería un rasgo de mujeres exitosas.

- Una mentalidad resiliente que sabe aprender del fracaso.

Las mujeres tenemos grandes historias de fracasos a nuestras espaldas. Nunca hemos logrado convencer a los hombres de que nuestro liderazgo es igual o mejor que el suyo.

Siempre, salvo excepciones, hemos aceptado nuestro papel en un segundo plano; en la sombra y como compañeras de hombres exitosos o fracasados:

- Nuestra capacidad de sacrificio es mayor. El líder que triunfa hoy, se sacrifica por su equipo y eso es algo que la mujer tiene en su ADN, en mayor medida si tiene hijos.

- El gran enemigo del liderazgo femenino, hoy, es la lucha contra determinadas culturas que siguen maltratando y prohibiendo a las mujeres la participación en la vida social.

- El liderazgo femenino debería ser un indicador de progreso social mundial, al igual que lo es el PBI. Creemos un Women Leadership Index (WLI) y midamos el impacto de su desarrollo en las sociedades.

- El nuevo liderazgo femenino debe estar construido sobre la superación del miedo, la culpa y la admiración por lo masculino que ha lastrado a las mujeres y ha empoderado a los hombres durante siglos.

Volviendo al símil con la cultura americana, que ha construido una identidad sólida, arraigada en sus propios símbolos del American Way, la mujer puede por fin crear su Women Way;

como imagen de un identidad propia que refleje su impronta; su manera de llevar a cabo las tareas.

Y puede hacerlo muy bien.

La cultura americana se identifica claramente hoy; tanto por sus símbolos de identidad patria, como por su deporte, gastronomía, música, arte, empresas y emprendimientos, literatura, publicidad, tecnología... Un país que aprende rápido, transforma su propia identidad hacia un modelo más sano y sofisticado. Un modelo que hoy domina el mundo.

Un indicador global del liderazgo femenino, no debería ser una iniciativa aislada de ninguna entidad, como por ejemplo es el caso de Barclays Bank- Women in Leadership Index. (*http://uk.reuters.com/article/us-wealth-index-women-idUKKBN0FF0LH20140710*), o Pax Ellevate Global Women's Index Fund, que trabaja en la creación de un indicador global de participación de mujeres en el mundo empresarial (*http://www.paxellevate.com/index/index-design*, *http://www.paxellevate.com/*), o bien EY senior civil service women leaders index: UK.

http://www.ey.com/UK/en/Industries/Government---Public-Sector/EY-senior-civil-service-women-leaders-index-UK

Estas no dejan de ser iniciativas puntuales que cubren sobre todo la representatividad de la mujer en el sector público y empresarial. Pero no abrazan esta brecha.

Unicef: La situación de las mujeres y la niñas: hechos y cifras (*http://www.unicef.org/spanish/gender/3984_factsandfigures.html*).

ONU: Mujeres. Hechos y cifras: Acabar con la violencia contra mujeres y niñas (*http://www.unwomen.org/es/what-we-do/ending-violence-against-women*).

Woman Stats maps, contiene la mayor base de datos de la situación de la mujer en el mundo: *http://www.womanstats.org/newmapspage.html.*

Recomiendo su visualización porque contempla aspectos globales como seguridad, desigualdad, participación en el gobierno, ablación, derechos sociales, tráfico de mujeres, educación, matrimonio concertado, asesinatos, violaciones, códigos de conducta discriminatorios para las mujeres, y otros como desigualdad salarial o empresarial.

Pienso que el mundo está loco… y lleno sentimientos irracionales que derivan en acciones extremas, y tienen como objetivo la eliminación o la denigración de las mujeres, en la mayoría de los casos.

Ideas para el nuevo modo femenino

Extraído del libro *"Marketing 3.0"* de Philip Kotler, que te recomiendo. El gurú del marketing del siglo XX-XXI, habla de este marketing como aquel que tiene el objetivo de centrarse en los valores para transformar la sociedad, basándose en la nueva era tecnológica, en las personas contempladas de manera integral (en su mente, corazón y espíritu) y en el carácter colaborativo y cocreativo de las comunidades.

Entendiendo por:

- *Cocreación:* primero las personas y después los servicios y productos que les puedan ser útiles.

- *Comunitarización:* tribus, redes que conectan personas (LinkedIn, Twitter,…). Los consumidores se agrupan en pools (conexión por ideas), hubs (conexión con un líder), web (conexión entre personas).

- ***Desarrollo de la personalidad de nuestra marca:*** con nuestro ADN y mostrando autenticidad y credibilidad. Llegando al alma de las personas para convencerlas.

Kotler, habla de las tres características de una buena Misión:

- La CREACIÓN de un "negocio u organización diferente".

- La DIFUSIÓN de una "historia que llegue a las personas".

- La REALIZACIÓN del "poder en manos del consumidor".

La misión de un proyecto de liderazgo femenino es muy clara: "construir la nueva identidad de las mujeres a nivel global".

Pero su realización debe hacerse planteando un modelo diferente:

Introducir la idea de un ecosistema de reafirmación, capacitación y empleabilidad conjunta, por y para consolidar el liderazgo femenino en las organizaciones y en la sociedad. A través de la impronta o marca que se identifique con el estilo de vida de las mujeres profesionales de hoy o Women Way.

Creando comunidad entre personas que apuesten por el liderazgo femenino y a partir de ellas generar microsistemas o sistemas con y sin ánimo de lucro.

Dando poder a las mujeres para elegirse a sí mismas; liderarse a sí mismas y ayudar a otras que no han nacido en el lugar adecuado.

La nueva identidad que reafirma a la mujer tendría que tener ciertos atributos como:

- la digitalización.

- el acopio de conocimiento como herramienta para proporcionar valor (knowmad revolution).

- la compatibilización de la vida familiar con la profesional.

- la reafirmación en el cuidado y el tiempo dedicado a los hijos.

- el considerar la importancia de las emociones en la toma de decisiones.

Índice global de liderazgo femenino

"You can do what I cannot do. I can do what you cannot do. Together we can do great things."

Mother Teresa

El índice global de liderazgo femenino, debería contemplar desafíos socioculturales que aún no están resueltos y prever los futuros; aquellos relativos a las injusticias sociales, a la seguridad, al bienestar y a la educación.

Debería seleccionar y definir los nichos de mercado, y trabajar en el impacto social de las acciones que se llevan a cabo, en los grupos objetivos actuales.

Actuar con visión de futuro a nivel educacional, inculcando la conciencia de género a todos los niveles, para lograr un impacto futuro.

Provocar soluciones transformadoras y cambios de comportamiento a nivel global, a través de la cocreación y comunitarización, para lograr el ascenso de los colectivos de mujeres en la pirámide de Maslow, hasta lograr la cúspide.

Convertirte En Emprendedora De Ti Misma

THE KNOWMAD REVOLUTION Y LEAN METHODOLOGY

Valientes emprendedoras

Este capítulo está dirigido a todas aquellas mujeres que después de estar apartadas durante algunos años del mercado laboral, o habiendo sido despedidas de sus trabajos, deciden desarrollar su propio negocio o proyecto profesional individual, para salir adelante.

En la mayor parte de las ocasiones, si no tienen los conocimientos adecuados, arriesgan dinero y tiempo; y en un porcentaje elevado de casos acaban claudicando y abandonando.

El fracaso forma parte del éxito, pero si bien es cierto que el principio de todo es comenzar por una idea, hay muchas formas de ponerla en marcha.

También es cierto que es mejor no fracasar.

Es de sentido común poner a prueba tu idea antes de implantarla; tener el convencimiento –que no la certeza– de que funcionará, antes de meter dinero en el proyecto.

Para saber si funcionará –y como el cliente es el jefe, el líder y el centro del negocio– lo que no puedes hacer hoy es invertir mucho antes de hacer tu primera venta.

Pregunta a tus leads (posibles clientes), a tus clientes y a tus usuarios primero, y respóndete después:

La forma más eficaz de trabajar un proyecto profesional hoy, en mi opinión, es a través del modelo del "descubrimiento del cliente" de Steve Blank (*https://steveblank.com/*) y del "diseño e implantación de la Propuesta de Valor de Osterwalder" (*http://businessmodelalchemist.com/*).

Todo lo relacionado con el aprendizaje experimental o *"learning by doing"* promovido por *Knowmad Society*, engarza perfectamente con el método *Lean Startup* de Eric Ries, que no solo es aplicable a proyectos tecnológicos, en mi opinión.

Los principios LEAN son:

- ***Aprendizaje validado:*** basado en la experimentación.

- ***Crear-medir-aprender:*** medir cómo responden los stakeholders o grupos de interés implicados en tu proyecto y aprender cuándo pivotar (modificar), perseverar (continuar).

- ***Contabilidad de la innovación:*** cómo medimos el progreso, establecemos los hitos y priorizamos tareas.

Todo esto se basa en el diseño de conocimiento, la creatividad, reducción de las dimensiones de los lotes (las cajas pequeñas de las que hablamos al principio), la producción just-in-time, el control de inventarios y la aceleración del tiempo de ciclo en la producción.

También se basa en crear equipos interfuncionales, que se evalúen a través de hitos de aprendizaje.

El motor del crecimiento de un proyecto está ideado para hacer ajustes constantes, en el circuito circular "crea-mide- aprende".

Pero si llevamos esta idea más allá, podemos aplicarla a todo en nuestra vida: a las relaciones personales, profesionales y familiares. No solo sirve a los proyectos de emprendimiento.

El ciclo que puedes aplicar contigo misma y trasladar a tus proyectos sería este:

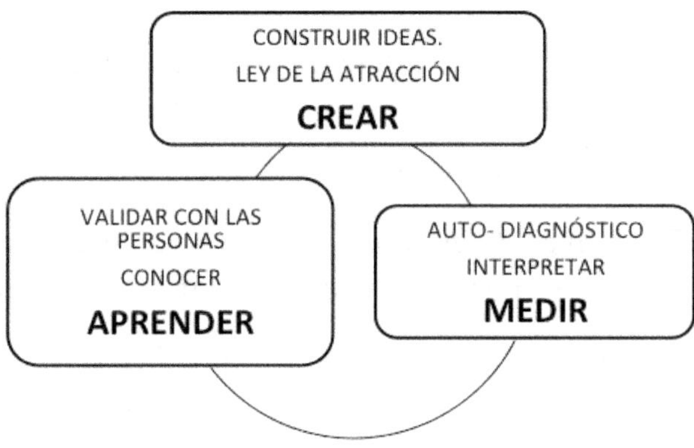

Analizar la situación a la que te enfrentas

La creación de un proyecto puede tener diversos orígenes.

Por ejemplo, un modelo basado en emplear y empoderar a las mujeres se nutriría de tres fuentes:

- La necesidad de las mujeres en la creación de una identidad propia y nueva; así como la conquista de la cima de la pirámide de Maslow, en la mayoría de los casos.

- La enseñanza del uso de tecnologías ya creadas para digitalizar a las mujeres, para ofrecerles nuevos formas de trabajar que puedan compatibilizar con su vida familiar.

- Una estructura de empleabilidad conjunta y consumo colaborativo que genere oportunidades para las mujeres.

En una fase primigenia de cualquier proyecto, hay que contemplar cuatro áreas: quiénes serán los clientes, cuáles son las tendencias clave del mercado, quiénes son los competidores y el resto de stakeholders, y cuáles son las realidades del entorno macro.

Preguntas y respuestas relacionadas con cada una de las cuatro áreas:

Clientes

¿Quiénes podrían ser los clientes? En el ejemplo, los clientes serían las mujeres y los hombres que apuestan por el liderazgo femenino.

Las mujeres en 2 vertientes:

- Las que viven en un mundo desarrollado tienen la obligación y la oportunidad de liderar en sus sectores:

    - A nivel de gestión, conseguir el equilibrio en el sector público-privado, tanto a nivel de salario como de representatividad.

    - A nivel de inserción, facilitar competencias a las mujeres, para que puedan vivir de sus propios conocimientos y recursos.

- Las que viven en un mundo en desarrollo deberían tener la oportunidad de lograr derechos fundamentales, y la posibilidad de luchar contra las posiciones androgénicas que las hacen permanecer en el círculo vicioso de la culpa, el miedo y la fascinación.

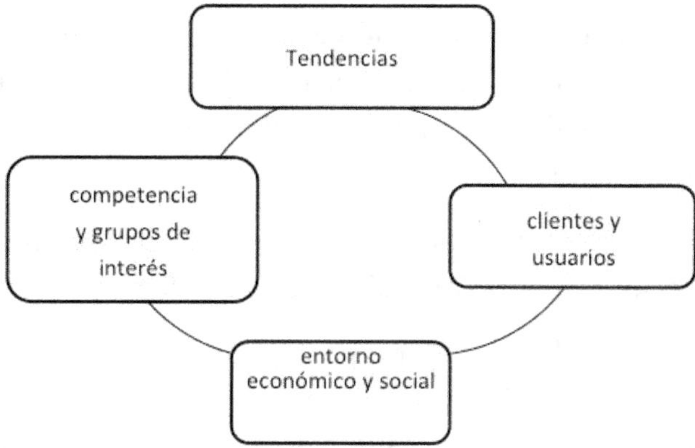

¿Quién es el cliente ideal y qué carencia vas a solucionar?

¿A qué mercado tipo vas y qué competencia supones que hay?

Detectar si creemos que hay suficientes usuarios y clientes potenciales que tienen poder de compra e influencia. Además, descubrir si creemos que son fáciles de alcanzar en círculos sociales tecnológicos u offline.

Tendencias

Las tendencias claves sobre las que podría apoyarse un proyecto de liderazgo femenino serían:

La revolución knowmad, los proyectos y eventos internacionales que están apoyando el liderazgo femenino y la necesidad de luchar por los derechos y el equilibrio en la representatividad de las mujeres.

Las tendencias que van a impulsar la idea de negocio en el futuro serán: la Internet de las cosas o 4.0. y el aprendizaje invisible, que según J. Moravec:

- Aprovecha la tecnología con un propósito, es pragmático y está centrado en mejorar la experiencia humana.

- Está bien definido, basado en el desarrollo del conocimiento, utilizando la tecnología como facilitadora del desarrollo de nuestra imaginación, creatividad e innovación.

- Hace uso de la tecnología que también facilita nuestra sociabilidad y el aprendizaje a través de redes.

- "Learning by doing" implica experimentación. Trabaja la prueba y el error; nos lleva a permanecer en un continuo estado de transformación, aprendizaje e investigación "beta testing".

Saber más en el libro: The Knowmad Society.

Las 5 tendencias de las prácticas de aprendizaje actual según Cristóbal Cobo, autor de "Aprendizaje invisible", son:

- La combinación de la educación formal con los cambios de una sociedad basada en la innovación flexible e informal.

- El paso de "qué aprendemos" a "cómo aprendemos" (autoaprendizaje, aprendizaje para toda la vida, aprender a aprender) la relación entre el entorno digital y el contenido.

- El aprendizaje para toda la vida.

- El desarrollo de soft skills (globales, informales y sociales) y la diferencia entre aptitudes (o skills) y competencia, que es la habilidad con la que se aplica el conocimiento y las actitudes, en un entorno de cambio.

Competidores

Existen otras empresas, proyectos y fundaciones que ya están operando en este espacio; a nivel nacional *Womenalia* y *WomanTalent*, que ofrecen capacitación a través de paneles de expertos y seminarios-taller presenciales.

A nivel internacional, el proyecto *LEAN IN* de Sheryl Samberg, ha creado una estructura a través de *"Circles"*, pero no tenemos conocimiento de la medición del impacto social que está generando este proyecto.

Los productos y servicios sustitutos de un proyecto de liderazgo femenino, podrían estar basados principalmente en la capacitación de mujeres.

Los grupos de interés claves podrían ser:

- Los agentes de cambio o changemakers, que sean capaces de generar estructuras que produzcan riqueza económica, de conocimientos y de impacto social.

- Las propias prosumidoras que son consumidoras e impulsoras/influenciadoras de la compra de sus propios productos, servicios o proyectos.

- Todos los que intervienen en el ecosistema son determinantes en el éxito de un modelo de liderazgo femenino.

Entorno macroeconómico

Los macrofactores deben estar en su lugar para que la idea se haga realidad, por ejemplo:

- El acceso y uso de las tecnologías como facilitadoras y propulsoras de la globalización y el escalado del proyecto.

- También el liderazgo de las personas que forman parte del mismo y están sometidas a un mix de roles: cliente, agente de cambio, influenciador, colaborador, empleado, emprendedor, etc.

...

No sabrás nada acerca de la viabilidad de tu idea si no la sometes a pruebas de stress con los posibles usuarios, empleados o colaboradores y clientes:

Hay paneles de investigación online (como *Survey monkey* o los mismos paneles de encuestas de *Twitter*, que te pueden servir; así como lo que Steve Blank, padre de la metodología LEAN denomina "salir del edificio".

El objetivo de esta fase es determinar si una idea vale la pena para monetizarla o atraer audiencias.

En este sentido, mi consejo es "pregunta primero y contéstate después".

En un proyecto de liderazgo femenino, sería interesante hacer investigación a pie de calle y nutrirse de las preguntas que hasta ahora no han tenido respuesta para muchas mujeres, dirigiéndose a las iniciativas que no han dado buenos frutos.

Pilotos y creación de distintos bocetos

Es valioso tener varias alternativas de proyectos o modelos de negocio en la mesa para poder discutir sus fortalezas y debilidades, para comparar las diferentes opciones potenciales y sobre todo jugar con las cifras hipotéticas.

Existen varias formas de crear una estructura:

- Utilizando el dinero de otros: por ejemplo, cuando tienes un inmueble lo alquilas y pagas los gastos (hipoteca y otros) con el dinero del inquilino, y te sobra un poco para ti. O cuando prestas dinero a alguien y tiene que devolvértelo con intereses. O cuando inviertes en una startup…

- Utilizando el tiempo de otros; cuando tienes empleados que producen para que tú realices tu sueño.

- Utilizando el conocimiento de otros. Cuando el valor de tu proyecto es el que le otorgan las personas que forman parte de él, generando un motor de conocimiento e ideas; un win-win, en formato económico y de impacto social.

Esta última estructura es la que corresponde a un ecosistema online-offline; un ecosistema compuesto por múltiples nodos que se interconectan entre sí. Ecosistema en el cual, cada persona puede adoptar diferentes roles: compradora, empresaria, autoempleada, trabajadora por cuenta ajena para un proyecto concreto, consumidora, usuaria free, influenciadora...

La base de todo está en una serie de principios:

- El empoderamiento de las mujeres y de todos los miembros de la comunidad.

- Cultivar el conocimiento para toda la vida.

- Promover la creatividad y la innovación.

- El uso de la tecnología como elemento facilitador para el acercamiento entre las personas: *LinkedIn, Twitter, Skype, Google Hangout...*

Para crear diferentes bocetos de estructuras de tu modelo, te recomiendo descargar *Lean Canvas de Osterwalder* y leer los artículos sobre emprendimiento y startups de Javier Megias que, a mi modo de ver, es el experto que mejor refleja estos aspectos en español:

Más info:

- El blog de Javier Megias:
  http://javiermegias.com/blog/2012/10/lean-canvas-lienzo-de-modelos-de-negocio-para-startups-emprendedores/

- El lienzo de modelos de negocio- business model canvas:
  http://javiermegias.com/blog/2011/11/herramientas-el-lienzo-de-modelos-de-negocio-business-model-canvas/

Selección de un modelo de negocio. Ejemplos

Una vez que hayas diseñado diferentes alternativas de tu modelo, elige aquella que te parezca más viable y sostenible en cuanto al impacto económico y social que piensas que puede generar. Estás todavía en un estadio de hipótesis. Esto quiere decir que tú puedes pensar que algo va a funcionar, pero para saber si es cierto tendrás que contrastarlo con la comunidad; ese ecosistema, online, offline o mixto, en el cual vas a desarrollar el proyecto.

Por mi apego a los proyectos sociales de impacto, y al ser también fundadora de un grupo en LinkedIn denominado Social Impact Leadership, describo aquí tres proyectos de éxito que generan doble impacto: económico y social.

https://www.linkedin.com/groups/5100195

Ejemplo: PEEPOOPLE, DISCOVERING HANDS y SKATEISTAN.

http://skateistan.org/

http://www.peepoople.com/

http://www.discovering-hands.de/en/

Peepoople

Es una organización sueca que ha desarrollado una bolsa de aseo de un solo uso, la bolsa *Peepoo*, para un mercado en la base de la pirámide, de más de 2 mil millones de personas que carecen de acceso a saneamiento adecuado. Han sabido crear un modelo de negocio viable económicamente, escalable y con impacto social medible.

La bolsa *Peepoo*, previene eficazmente los olores, inactiva los organismos que producen enfermedades y que se encuentran en las heces. Está hecha de un bioplástico degradable de alto rendimiento. Se convierte en fertilizante y tiene bajo costo de producción.

Está dirigida a reducir sustancialmente el problema de saneamiento en el mundo. En muchos mercados en desarrollo, las personas pagan por acceso a servicios de saneamiento (por ejemplo, letrinas públicas en los barrios pobres).

Peepoople, que en principio subsistía con un modelo de donantes, después de valorar varias opciones (modelos cruzados, venta a minoristas, microfinanciación, licencias) ha conseguido crecer gracias a un modelo de recursos, pagando a las personas que traen las bolsas con residuos orgánicos, y vendiéndolas como fertilizantes a los agricultores de la zona. De esta forma convierten un pasivo en un activo que ayuda a crecer a la organización. ¿No te parece genial?

Te recomiendo utilizar el *"Business Model Canvas"* que he mencionado anteriormente e imprimirlo, para desarrollar rápidamente diferentes prototipos conceptuales, y elegir después uno que sea sostenible económicamente y tenga impacto social.

Discovering Hands

El ginecólogo alemán Frank Hoffmann lidera el proyecto *Discovering Hands*. Una iniciativa que tiene un programa de formación dirigido a mujeres con discapacidad visual, para la detección precoz del cáncer de mama.

Incluye un sistema normalizado de orientación para los examinadores de mama -solo mujeres- basado en tiras braille, que permiten determinar cualquier anormalidad o bulto.

En 450 casos estas evaluaciones intermedias (MTEs) lograron detectar más tumores que los médicos, y de menor tamaño que los que normalmente se detectan con otros procedimientos.

Actualmente, unas 20 mujeres han sido ya formadas en este programa y 18 hospitales ofrecen esta prueba en sus consultas ginecológicas. En los próximos cinco años, según sus previsiones, 70 mujeres con discapacidad visual habrán recibido esta formación. Su objetivo es establecer un programa de formación que pueda llegar a 300 o 400 mujeres. En octubre, la iniciativa se trasladará a Austria.

Convertir las capacidades/habilidades de colectivos en exclusión, en BoP, o relegados, en una competencia es –en mi opinión– la solución para muchos casos de desigualdad y exclusión social.

Skateistan

Es el proyecto liderado por el *skateboarder* australiano Oliver Percovich en Afganistán, ahora escalado a otros países.

Está basado en sacar a los colectivos infantiles y juveniles (niñas y niños que trabajan) de la calle y la violencia, atraerlos a la educación a través del deporte; en este caso, el *Skateboard*.

Además, este proyecto tiene el componente adicional de que está dirigido principalmente a niñas y chicas que están totalmente apartadas de cualquier representatividad social y cultural.

Las chicas de *Skateistan* no pueden conducir un coche en su país, pero sí un monopatín. Además se las aparta de la violencia, de las armas y reciben un plan educativo adecuado.

Skateistan ha desarrollado todo un *e-commerce* de ropa, accesorios y monopatines para *skaters*, que se venden a escala global.

Los casos de *Peeople* y *Discovering Hands* son ejemplos claros de modelos inclusivos, en los cuales se convierte a los usuarios/beneficiarios en empleados y elementos activos de la cadena de valor. ¿No es genial? A mí me lo parece.

Descubrimiento del cliente

Una parte esencial de esta primera fase de diseño es observar con atención y comprender a los clientes potenciales y a los usuarios. Las alternativas de modelos de negocio deben ser estudiadas con el conocimiento profundo del cliente.

Por esta razón tienes que preguntar, para saber si al cliente le interesa tu propuesta y si puedes definir claramente quién es este o esta.

Hoy en día, cliente y usuario están mezclados en los ecosistemas de negocios –sobre todo en las redes sociales– y todos ellos tienen que ser bienvenidos.

Es necesario crear un microclima, en el que usuarios y clientes se sientan cómodos para compartir experiencias y expresarse. Recuerda que son el centro del modelo.

Para ello, te recomiendo hacer foco y aplicar el "Diseño de la Propuesta de Valor de Osterwalder"; para enfrentar tu producto o servicio a tu posible cliente. Para saber si lo que ofreces resuelve sus carencias o problemas y proporciona valor añadido, en modo de ahorro/ganancia de tiempo, dinero, recursos, etcétera.

Más info:

- *https://www.leadersummaries.com/ver-resumen/disenando-la-propuesta-de-valor*

Comprobar Que El Cliente Es Quien Dice Que Es

El proceso de desarrollo del cliente de Steve Blank asume que muchos de los supuestos iniciales de un emprendimiento probablemente estén equivocados y por eso hay que comprobarlos. Esto ocurre cuando estás probando determinados aspectos del mismo con los clientes y te das cuenta de que tu hipótesis –o lo que suponías–, era incorrecta.

Por esa razón tendrás que arreglar las deficiencias en tu modelo.

Por ejemplo, un modelo de empoderamiento de las mujeres podría partir de unos colaboradores *Knowmads* que se capacitan y emplean entre ellos –unos aprenden de otros e invierten entre ellos– y que van dando forma al modelo.

Cada colaborador tiene un perfil que define en qué puede aportar valor al empoderamiento femenino.

Cada mujer que necesite ser emprendedora de sí misma, puede entrar en el ecosistema, recibir un entrenamiento personalizado o grupal sobre temas claves relacionados con su empoderamiento, así como disponer de gran material gratuito y de pago: vídeos, audios, libros, al igual que acceso a la comunidad de apoyo, para procurarse clientes, socios, colaboradores, empleo.

El reto de un modelo que apueste por el liderazgo femenino consistirá en crear continuamente un ecosistema más potente, y sólo empezar a construirlo cuando se encuentre uno sostenible y escalable. Un modelo flexible, que se encuentre siempre en modo beta, creando relaciones entre personas (nódulos que se conectan entre sí) con el objetivo de aportarse valor, basado en promulgar la calidad y la confianza entre sus miembros.

Es probable que solo después de varias iteraciones y los pivotes de tu modelo, encuentres el adecuado. Es entonces el momento de ponerlo en marcha.

Podemos crear un modelo con impacto económico y social, abarcando diferentes niveles para empoderar a las mujeres:

- El alto nivel de ejecutiva que no accede al consejo directivo de una compañía.

- Mujeres que quieren reengancharse al mercado laboral.

- Por último, aquellas que no tienen cubiertos derechos humanos fundamentales.

Estás creando clientes cuando empiezas a tener demanda del usuario final, a través del canal de ventas de la compañía o fundación.

En un modelo de liderazgo femenino, los canales de venta son las redes sociales en las que nos encontramos y estas facilitan las interacciones offline.

Su motor de crecimiento estaría basado en el boca-oído o *word of mouth*, digital y presencial, que surge gracias a la confianza, calidad y casos de éxito.

Construir tu modelo

Esta parte ya comprende la creación del equipo de desarrollo del cliente y de departamentos formales con los VP de ventas, marketing y desarrollo de negocios.

Por desgracia, hay muchas empresas y fundaciones que pasan directamente a la construcción del negocio, cuando ni siquiera han probado el modelo.

Si te das cuenta, el proceso pasa por tres fases: la hipótesis, el test enfrentándote a la realidad, y la construcción.

Un modelo de negocio o fundación es un conjunto de conjeturas. Nadie sabe si va a funcionar. Para comprobar que realmente sirve, hay que probarlo con las personas que van a seguirlo.

Por ello es importante que sigas las siguientes sugerencias:

- Averigua qué es lo que crea un impacto real y desecha lo que no funciona.

- Reduce el tiempo en el ciclo de "crea-mide-aprende".

- Mide las cosas que importan.

- Funciona con menor desperdicio de recursos.

- Aprovecha las tecnologías con visión de futuro para lograr tus objetivos. Muchas de ellas son de uso gratuito.

- Recopila la información continua de tu comunidad online, offline o de ambas.

- Adapta las fuentes de financiación para fomentar la innovación.

- Crea una cultura que ve el fracaso como un aprendizaje que nos acerca a una solución, pero no permitas que el fracaso te congele o te retrase.

- Fomenta la agilidad en el sector social.

- Crea negocios sostenibles que no dependan de subvenciones o donaciones exclusivamente.

- Mide tus acciones y logros a través de indicadores que te ofrezcan conocimiento.

Medir: indicadores

Es importante que exista una relación causa-efecto que puedas medir y que no sea un indicador vanidoso; es decir, que no sea algo que creas como real y que al final no lo es.

Como ejemplo, en las mujeres podríamos decir que, como consecuencia del entrenamiento y *mentoring*, la mujer genera ingresos. O que genera dichos ingresos al mismo tiempo que se va capacitando.

Es importante que:

- Todo el mundo que forme parte de la estructura te entienda y esté informado.

- Los datos sean creíbles y se puedan comprobar con consumidores reales y con todos los grupos de interés o *stakeholders*.

- Utilices el establecimiento de metas mensualmente, para enfocar a dichos grupos de interés en sus prioridades.

- Cuando algo no funcione, utilices la técnica de los "5 porqué" para poner solución al problema o carencia.

- Crees mecanismos de rendición de cuentas que fomentan la mejora continua.

- Trabajes con los empleados y colaboradores en lotes pequeños. Cultiva el just-in-time (JIT), los sistemas de apoyo que maximicen el desarrollo personal.

¿Cómo puede crecer tu modelo?

- Por el boca a boca.

- Por viralidad (ver a alguien que lo usa, hace que otro lo compre).

- Por publicidad financiada, que debes pagar siempre con ingresos y nunca con créditos o ayudas.

- Por suscripción o compra reiterada.

- Por cadena de clientes. La forma de crecer es centrarse en los consumidores existentes y, en muchos casos, trabajar con referidos; es decir, que un cliente te prescriba a otro nuevo.

A veces el consumidor vende el producto a sus amigos. Es el llamado CIRCUITO VIRAL, y su velocidad está determinada por el COEFICIENTE VIRAL: a mayor coeficiente, más rápido se expande el producto.

Una Nueva Vida

SIEMBRA Y RIEGA, PARA QUE SURJA LA PLANTA. PORQUE LO IMPORTANTE ES EL CAMINO, TANTO COMO EL RESULTADO

Eliminación de arquetipos: el proceso inevitable

"No consientas que nadie te haga sentir inferior sin tu consentimiento"

Eleanor Roosevelt

Una de las razones por la cuales el liderazgo femenino no funciona es porque está desfragmentado. La mujer, en su toma de decisiones, en raras ocasiones se ve apoyada por otras mujeres.

Además, el gran fallo de la mujer es que no confía en sus capacidades. No hablo de integración en roles típicamente masculinos, sino de asumir posiciones de liderazgo; de ponerse al frente de empresas, fundaciones, instituciones públicas y gobiernos.

En un formato actual de comunicación bidireccional, como son las redes sociales, aparecen todavía, en ocasiones, arquetipos sexistas en formato de imagen, que son compartidos también por mujeres.

Una mujer puede ser femenina y mostrar su condición sin necesidad de caer en tópicos y defender aquello que no la favorece. Las declaraciones andróginas publicadas por mujeres no tendrían relevancia si no hubiese ningún lugar en el mundo en el cual la mujer es sometida, asesinada, violada o carece de identidad.

El hecho de que el hombre vea a la mujer como peligrosa o letal, que suponga que hace uso de su físico para conseguir sus objetivos profesionales, tiene como consecuencia que en muchas culturas – hasta en el mundo "desarrollado"–, esta sea dominada y eliminada, o apartada.

Una amiga mía es alta directiva de una compañía. Pasó las vacaciones de Semana Santa en casa de sus suegros en el campo, acompañada por su marido y sus dos hijos pequeños, a casi 300 kms. de Madrid. Pues bien, tenía que trabajar el lunes de Pascua, y por evitar el atasco de vuelta a la capital, decidió regresar un día antes; el sábado, en lugar del Domingo de Resurrección.

Su marido y sus hijos, continuaron sus vacaciones en la casa de campo y ella fue criticada por marcharse un día antes y no aprovechar hasta el último momento con sus hijos.

Ahora te pregunto, ¿qué hubiese ocurrido si esta decisión de marchar un día antes la hubiese tomado su marido? Y te contesto: NADA. Su marido no habría sido criticado; más bien habría sido alabado por tomar la prudente decisión de salir el día antes, para evitar así el atasco de vuelta y un mayor riesgo de accidentes.

Cuando una ejecutiva con hijos sale de viaje, en muchas ocasiones se siente culpable –y si no lo hace, la obligan– por dejar desprotegida a la manada.

Cuando un padre con hijos sale de viaje, no pasa absolutamente nada. Solo lo que tiene que ocurrir, por defecto, que sus hijos y su pareja le echan de menos.

Como dice mi colega, Eva Díaz Oñoro, en el entorno profesional también nos ven como madres.

Este ejemplo que describo a continuación es muy común. El de muchas mujeres de la generación *Baby boomers,* que dejaron su profesión para dedicarse al cuidado de los hijos.

Han vivido gracias a los ingresos de sus maridos. Han sacrificado sus sueños profesionales por los de sus parejas y niños.

Algunas de ellas han esperado a la mayoría de edad de sus hijos para poder realizar sus sueños de manera independiente, poniendo fin al proyecto de pareja.

Cuando lo han hecho, si han tenido la suerte de quedar protegidas económicamente –ya que en España era muy común, hasta los ochenta y cinco o noventa, la unión a través de bienes gananciales– han permanecido muy desprotegidas a nivel social; han sido criticadas por abandono de su pareja y sus hijos; y por su "falta de inteligencia" porque podían seguir teniendo de todo y optaron por seguir su propio camino, sin nada o con menos.

Esta mentalidad, salvo casos aislados, impera todavía aquí y en otros países, en personas de cincuenta años en adelante.

El gran hándicap de estas mujeres es la incorporación al mercado laboral, después de estar tantos años fuera de él. Te encuentras a muchas de ellas, con carrera universitaria, como empleadas del hogar en otras casas, o cuidando ancianos y personas dependientes.

Aprender a decir "NO"

Una de las decisiones más difíciles para una mujer que desea compatibilizar lo profesional y familiar, incluso cuando ya se ha convertido en emprendedora de sí misma, es aprender a no sobrecargarse.

La reafirmación negativa, decir "NO", tiene un efecto muy positivo. Pero al contrario de lo que sucede habitualmente, tendríamos que practicarlo a diario. No solo cuando no podamos abarcar más.

Cuando dices "NO", tu autoestima mejora.

El "NO" te enseña a delegar, te quita presión, te ayuda a poner límites y te da tiempo para pensar en tus anhelos; para ponerte en marcha y cumplirlos.

Este es mi testimonio:

Después de tres años de duro trabajo, incluso los fines de semana...

Después de haberme reinventado como profesional y mujer; habiendo aprendido a crear mis propios empleos a través de la conexión con personas...

Sembrando y creando comunidades sobre los temas que me interesan y en los que me instruyo a diario, que darán lugar a estructuras y modelos a corto y a largo plazo...

Y criando a dos hijos, a los que intento hacer cada día más autónomos y emprendedores...

Una de las cosas que más me cuesta es trabajar lo que llamo "el NO POSITIVO" o "NO+".

También te digo que estoy en ello.

Labrar Tu Futuro Ahora

No puedes esperar ni un minuto a que tus sueños sucedan, porque la vida es lo que ocurre mientras piensas en otra vida. ¿No es mejor cuadrar ambas? ¿Cuadrar los anhelos y la realidad? ¿Pensar que cada día cuenta?

Los hijos crecen y se van. ¿Dónde te quedas tú?¿Qué pasará contigo cuando esto ocurra?

No puedes permitir que todos los días sean iguales. Tienes que tomar una posición activa y ponerte tú por delante, frente al mundo.

Encuentra respuestas a las preguntas que te haces; esas respuestas te llevarán a otras preguntas. Y rodéate de grupos de mujeres y hombres que construyan. Que trabajen sobre ideas que apuesten por la mujer en posiciones de liderazgo.

¿Quiénes son tus modelos a seguir? Si te sirven de ejemplo, estas son algunas de las mujeres a las que admiro y sigo:

Elena Gómez del Pozuelo

Empresaria de éxito de empresas tecnológicas

https://es.linkedin.com/in/elenagomezdelpozuelo

https://twitter.com/gomezdelpozuelo

Elena Alfaro

Conferenciante internacional especializada en Marketing Experiencial

www.elenaalfaro.com

https://twitter.com/elnalfaro?lang=es

Malala Yousafzai

Changemaker y premio Nobel de la paz

https://www.malala.org

Importa el "cómo" tanto como el "qué"

Esto implica que podemos desaprender los patrones establecidos. Aprender a aprender.

No hay nada que pueda dar buen resultado si solo piensas en el corto plazo. Es tan importante saber "cómo hacerlo", como "porqué".

Nos hemos anclado durante siglos en el porqué, desde una posición defensiva. Lo que propongo aquí es instalarnos en el cómo, desde una posición ofensiva-constructiva.

La nueva revolución y el aprendizaje de la mujer hoy, debería trabajar un proceso basado en:

1. *Desaprender patrones y estereotipos:* Romper reglas y expectativas, y mostrar que el mundo no es como lo pensamos y que nosotras no somos como pensamos que somos. Ofrecer ideas y soluciones sobre lo que es posible.

2. *Inteligencia colectiva a través de comunidades:* Es la comunidad la que construye a través del conocimiento y las experiencias de los individuos que forman parte de ella, y comparten su visión.

3. *Comprobar la viabilidad de las propuestas que empoderen a las mujeres, en el entorno actual:* Situar las ideas en el contexto en el que vivimos. Conectar personas e iniciativas con tendencias actuales.

4. *Cuidar a las personas que aportan valor en la comunidad:* Cuidar de las relaciones y dinámicas de creación de valor económico y social en la comunidad. Crear un ecosistema sólido de empoderamiento femenino, en el que las personas son lo primero.

5. ***Crear soluciones basadas en la implicación y comunicación del equipo:*** La calidad de las soluciones para el liderazgo en femenino, dependerá del grado de implicación, de los conocimientos y la conectividad de las personas que apuesten por éste. El conocimiento viene después de la experiencia. Vivimos experiencias e intentamos dar sentimiento y significado a las mismas.

6. ***Medir los resultados. El impacto económico y social:*** Diseñar indicadores para medir y evaluar el éxito o fracaso de los modelos que empoderen a las mujeres.

...

Todo este proceso implica "aprender haciendo", implica agilidad.

No esforzarse en tener un producto/servicio o programa acabado. No ahogarse en la perfección. Actuar.

La ventaja competitiva, hoy, está en "corregir y mejorar, mientras vas elaborando".

20 Tips

"La búsqueda de Kisagotami le enseño que nadie se libra del sufrimiento y de la pérdida. Ella no era una excepción. Esa comprensión no eliminó el sufrimiento inevitable que comporta toda pérdida, pero predijo el que deriva de luchar contra ese triste hecho."

El arte de la felicidad. Dalai Lama

No hace falta que una mujer te diga: "dame un consejo" para que tú sepas que no solo busca desahogarse cuando habla con otra.

Muchas mujeres afirman que nada va a cambiar; que hemos quedado relegadas a una serie estereotipos que figuran en el subconsciente colectivo y pasan de una generación a otra, vestidos con diferente disfraz.

La historia de la mujer, en la defensa de su propia identidad, es reciente. Me gusta poner el ejemplo de la marca de Estados Unidos. De cómo el país, con el liderazgo de los *Obama*, ha sido capaz de crear una fuerte identidad y renovarla, en muy poco tiempo. Haciendo restyling de su propia simbología; se les ha asociado, hasta la llegada de *Mr. Trump*, con innovación (soft & hard), poder político y económico.

Si hacemos un recorrido de hitos históricos, salvo casos aislados, las mujeres como grupo, comunidad o tribu con representatividad, existimos desde que tenemos derecho a voto. Estamos hablando de la segunda mitad del siglo XIX:

https://es.wikipedia.org/wiki/Sufragio_femenino

Pero hay muchos otros derechos que, a nivel global, no se han conseguido aún. Mira:

http://www.womanstats.org/newmapspage.html

Por eso hay que seguir trabajando. No podemos detenernos ahora.

Y te digo, como resumen final de esta guía, y de una mujer a otra que:

1. No ha existido nunca mejor momento que este para la consolidación del liderazgo femenino. Podemos de-construir, construir y reafirmar, entre todas, nuestra propia identidad.

2. Si tienes un hijo varón, no le hagas un inútil. Ningún/a compañera/o querrá vivir con él si no sabe cocinar, planchar, limpiar o poner la lavadora. Si tu hijo protesta por hacer estas tareas, contéstale: "Es por tu bien.".

3. Si consientes todo, acabarás siendo el "felpudo" de todo el mundo. Como me enseñó mi compañero en red Manuel Hidalgo: *"Better they cry, than-a you cry"*; "Mejor que lloren los demás ahora, a que lo hagas tú después". Un gran consejo para la vida familiar y profesional. Soportar múltiples tareas (domésticas, familiares y profesionales) genera triples jornadas, y mucha frustración por no poder llegar a todo.

4. Hay que adiestrar la mente para saber decir "NO". La idea de la *superwoman*, es una trampa.

5. Hay mujeres que nunca han tenido trabas, ni en lo profesional ni como mujer o madre, por su condición femenina, aún representando puestos de trabajo y roles "típicamente masculinos"... Ellas son los modelos a seguir.

6. En mi opinión, no tiene sentido hablar de feminismo a estas alturas. Los hombres inteligentes impulsan y promueven el liderazgo en general, independientemente del género, y se enriquecen así personal y profesionalmente. También están cansados del rol que se les ha venido imponiendo a lo largo de los siglos.

7. Si eres buena en algo, sé mejor. El aprendizaje no termina en la universidad o en tu último trabajo, pues es para toda la vida.

8. La mujer de hoy tiene que trabajar su inteligencia digital para su desarrollo profesional, a través de *hard y soft skills*. El no hacerlo, limita enormemente su estilo de vida. Es como no saber conducir. Estar alfabetizada digitalmente te abre un mundo enorme de posibilidades.

9. Sola no consigues nada. Apóyate y siéntete apoyada en una comunidad online, offline o en ambas. Así es como surgen las experiencias de conocimiento y las soluciones: en el aprendizaje entre pares.

10. Hay dos horas mágicas para ti: las dos primeras de la mañana. Aquellas en las que todos en casa están dormidos y puedes trabajar en tus metas. Pon el cartel de "no molestar" en la puerta de tu mente.

11. No pierdas tu cintura. El llevar a cabo tareas de diferente índole cada día (domésticas, familiares y profesionales) es

un activo muy valorado hoy, que se ejercita y se llama "adaptabilidad". Sigue con ello, pero sin pasarte (punto 4).

12. Conviértete en una nómada del conocimiento. Pienso que es la mejor opción para una mujer profesional con hijos que quiere compaginarlo todo y tener éxito. Lee, estudia y comparte los conocimientos en tu especialidad.

13. No le eches la culpa al sistema o a los demás de que no tengas trabajo. Elígete; lleva tú el timón de tu barco. Probablemente desempeñarás más de un trabajo al día para lograr tu bienestar.

14. El tiempo es el mayor activo que tenemos; saber gestionarlo con sabiduría es lo mejor que puedes hacer por ti y tu familia.

15. Cuando apliques la matriz de gestión del tiempo, dedica las dos primeras horas mágicas –aquellas en las que todos duermen– a lo importante. Si empiezas por lo urgente, te pasarás el día "apagando fuegos" y no habrás hecho nada por ti.

16. Visualiza una escena sobre la vida futura que deseas y en la que estés tú. ¿Cómo es? ¿Qué estás haciendo? ¿Con quién estás? Ponte tu película todas las noches antes de dormir.

17. La toma de decisiones desgasta. Céntrate en las importantes. El resto, delégalas; y si no puedes, planifícalas solo una vez y llévalas a cabo como una autómata.

18. Serás criticada. Acostúmbrate. También serás criticada por otras mujeres. Edúcalas en una nueva visión sin miedos, culpas o fascinación por el liderazgo masculino.

19. El miedo es libre y lo tendrás. Al superarlo, vuelves a nacer y merece la pena.

20. Lucha por conseguir tus sueños. Si sacrificas todo por los demás no habrás vivido y, querida amiga, estamos aquí dos días… más vale aprovecharlos ¿no?

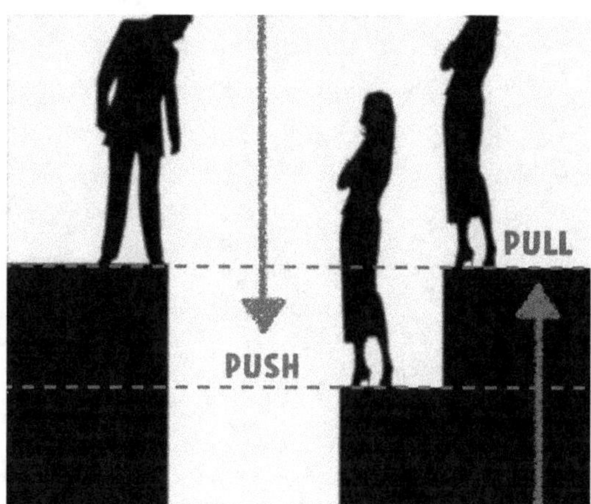

Epílogo

"No te mueras con la música aún dentro de ti"

Wayne Dyer

Por último, cumple tu misión. Has venido aquí, a este mundo, para algo.

Los malos momentos en los que piensas que nada puede ir peor; el ritmo frenético, (los niños, el trabajo)… después la caída o frenada en seco, por algo que sucede… y al final, vivir lo que *Wayne Dyer* llama *"El Salto Cuántico"*, que es necesario para impulsarte a un estado superior…

Este cambio de valores y prioridades en la vida, en el que comprendes el lado infinito de las cosas y no interfieres, se da en todos nosotros. Es el proceso en el cual pasas de obstaculizarte- en tu propia vida y en la de los demás- a estar en sincronía.

Muchas mujeres, no viven nunca un Salto Cuántico. Están programadas para lo que se debe hacer, según el inconsciente colectivo. A pesar de no sentirse realizadas.

Por eso, mujer, quiero ayudarte con este vídeo en Youtube: "El Cambio" de Wayne Dyer *https://youtu.be/RQEdwRKFIjs*

En el minuto 1h 10´, Dyer, habla de un estudio titulado *"El momento en el que cambias de valores"*. y dice:

"Antes de sufrir un salto cuántico, las mujeres hacen una lista de valores por orden de importancia.

- El valor número 1 es la familia. Nuestra cultura educa a la mujer para que sea una buena madre, una buena hija. Que se ocupe de la familia y cuide de los hijos.

- El segundo valor, es la voluntad de independencia.

- El tercero, la carrera.

- El cuarto, encajar… ser como el resto.

- Y finalmente, el quinto, es el atractivo.

Después de vivir esta experiencia, este salto cuántico o cambio de valores…

- El valor número uno para la mujer, es el crecimiento personal.

- El segundo, es la autoestima; lo que valgo.

- El tercero es la espiritualidad; estar en sintonía con algo mayor y más grande que tú.

- Después, la felicidad. Se ha educado a las mujeres para que crean que su felicidad no es importante. Que tenían que hacer lo que les tocaba.

- Por último, el perdón."

Fuente: El Cambio. W. Dyer

…

En este mismo sentido, ha sido creado Emprendedora de ti misma, la guía que te ha propuesto atravesar 7 pasos o etapas, que se podrían desarrollar posiblemente en un programa completo para la mujer:

- *El primer paso es:* Trabajar en el ser. Conectar con tu yo más profundo y saber que no te falta nada. Que todo está delante de ti.

- *El segundo paso es:* Valorar tu tiempo. En palabras de Wayne Dyer:"No te mueras, con tu música aún en tu interior". Tócala aquí; en esta vida… y como leí hace poco: Si tienes miedo… ¡Hazlo con miedo!

- *El tercer paso es* Dominar las circunstancias. Y este es un trabajo sobre mantener el equilibrio. Y sentirte realizada.

- **El cuarto paso es** Entender las conexiones. ¿Para qué?

  Obviamente, para poder ayudar a los demás. ¿Y cómo? Sirviéndoles.

- *El quinto paso es* Liderar en femenino. Poner en práctica tus nuevos valores para que cuando te vayas, el mundo sea mejor que cuando llegaste.

- *El sexto*, convertirte en Emprendedora de ti misma. Eres un vehículo de algo mayor que tú, que desempeña una labor aquí.

- *El séptimo* y último, poner en práctica una nueva vida. Tocar la música que has venido a tocar… cumplir tu misión.

Podcast and Business by Juan Carlos Giraldo: Liderazgo femenino en la actualidad, con Ana Fragua

http://podcastandbusiness.com/2016/09/07/temporada-3-episodio-68-liderazgo-femenino-la-actualidad-ana-fragua/

Gracias

Espero que mi experiencia e investigaciones en todo lo que concierne al empoderamiento de las mujeres te sirva para tener una vida mejor, renovar tus sueños y ponerlos en práctica.

Si lo consigues, me sentiré satisfecha de haberte ayudado.

Puedes seguir mis publicaciones sobre modelos inclusivos, estrategia digital y liderazgo femenino aquí:

https://www.linkedin.com/today/author/anafragua

Si deseas compartir tu experiencia con nosotr@s o necesitas ayuda, puedes contactarme directamente en LinkedIn a través del grupo *"ForWOMEN"* o en Twitter: *@AnaFraguaGlez* y te contestaré a la mayor brevedad posible.

Si ya has decidido "salir del acuario", quiero facilitarte el camino ofreciéndote un descuento especial del 35%, en mi ***Programa de trainings y mentoring sobre estrategia digital y gestión del tiempo para mujeres.***

Programa de trainings y mentoring para mujeres

Incluye la preparación de tu estrategia digital en redes profesionales (*LinkedIn y Twitter*), *Time management* y *social selling*.

Trabajando tu caso y tus necesidades, se desarrolla por módulos de 1 h. 30 min. de duración cada uno, en *skype* o *Google Hangouts*.

Si necesitas apoyo concreto sobre determinadas áreas relacionadas con coaching, mindfulness, ayuda jurídica para mujeres, etcétera, puedo contactarte con profesionales de primer nivel que colaboran en *For WOMEN*.

Si te ha gustado este libro-guía y lo has encontrado útil, te agradecería que escribas tu opinión en Amazon.

Tus palabras son muy importantes para mí. Es la forma en la que puedo mejorar y el impulso que necesito para seguir investigando y escribiendo sobre este tema.

También es la forma de que estemos conectad@s.

Puedes escribir tu opinión en amazon.es (escribir mi opinión) o en amazon.com (write a customer review).

Por tu renovación y éxito, te mando un saludo y te deseo una feliz vida.

Ana Fragua.